GREATEST HITS

Falko Hennig

GREATEST HITS

Kurzgeschichten

OMNINO.

Impressum

Bibliografische Informationen der Deutschen Nationalbibliothek
Die Deutsche Nationalbibliothek verzeichnet diese Publikation in der Deutschen Nationalbibliografie; detaillierte bibliografische Daten sind im Internet über
http://dnb.d-nb.de abrufbar.

ISBN: 978-3-95894-304-9 (Print)

Coverabbildung: © Alexander Gutsche

Inhaltsverzeichnis

INHALT

WIE ICH EIN KULTAUTOR WURDE

Ich hätte es nie gedacht, aber ich bin ein Kultautor geworden. Zuerst dachte ich, das müsste ein Irrtum sein. Wie ist genau definiert, was ein Kultautor ist? Ich doch niemals!

Dann merkte ich: Es ist kein Irrtum, sondern die Wahrheit. Es geht in der Werbung um gute Worte, und *Kultautor* klingt wirklich besser als *erfolglos* oder *verkracht*.

Jeden Sonntag lässt sich der Kultautor Falko Hennig mit seinen brillanten Sottisen in der Reformbühne feiern. Das klingt viel besser als:

Die drogensüchtige und verkrachte Existenz schleppt sich jeden Sonntag vor ein immer kleiner werdendes Publikum.

Die Schriftstellerhelden meiner Kindheit und sogar noch meiner Jugend waren mir viel zu hoch, als dass ich mich je getraut hätte, sie als Vorbilder zu wählen. Vielmehr hatte ich sie unbewusst auf ein hohes Podest gestellt, damit sie unerreichbar wären.

Karl May, Jack London, Egon Erwin Kisch, Mark Twain, Hans Fallada, Loriot, Charles Bukowski – auf Max Goldt stieß ich erst später im Westen, nach dem Mauerfall.

Bei mir ging es sogar so weit, dass ich weder mir selber noch gegenüber anderen eingestehen konnte, selbst überhaupt Autor werden zu wollen. Als würde ich, sobald ich sagte „Ich will Schriftsteller werden!“, genau diese Berufswahl unmöglich machen.

Was sich als erstaunlich einfach erwies, war, stattdessen einfach Schriftsteller zu werden. Der wichtigste Schritt dahin waren meine ersten Zeilenhonorare und die Rechnungen, die ich dafür stellen musste und die problemlos bezahlt wurden.

Falls mir mal die Frage „Welche Schreibarbeit war für Ihren Weg zum Schriftsteller am wichtigsten?" gestellt würde, dann würde ich antworten: „Das Schreiben meiner ersten Rechnung." Denn als ich genug Rechnungen für Artikel, Bücher und Lesungen schrieb, sodass die Einnahmen zum guten Leben reichten, war ich Schriftsteller.

Zwar einer ohne Preise und Lesungen in Stadien, aber dafür mit Honoraren, guten Verkäufen und Vorschüssen, sodass ich Jahrzehnte ohne Mangel davon leben konnte. Ein Freund sprach mich in dieser Zeit einmal an: „Du kokettierst doch auch mit dem Schriftstellerdasein?" Was er meinte, blieb mir damals etwas unklar, weil ich ja schon seit Jahren gut davon lebte, und einem Klempner, der vom Klempnern lebt, wird man ja auch nicht sagen:

„Du kokettierst doch auch mit dem Klempnerdasein?"

Aber der Freund hatte recht, weil sich meine ökonomische Lebensgrundlage mit der Zeit veränderte. Nach ungefähr fünfzehn Jahren mit hohen Einnahmen aus dem Schreiben und Publizieren sind diese inzwischen auf ungefähr fünftausend Euro pro Jahr geschrumpft, aber dank des Tourismus geht es mir trotzdem ökonomisch besser als in den guten Schriftstellerjahren.

Ich war viele Jahre überzeugt, dass ich einfach nicht wusste, was ich mal werden wollte, ja, ich weiß es selbst heute noch nicht.

Ich wusste es nicht mit zwanzig und nicht mit fünfundzwanzig, als ich in der Reformbühne begann. Auch nicht mit Ende zwanzig, als mein erster Roman erschien, oder mit dreiundfünfzig, als mein vierter Roman erschien.

Es war übrigens ein historischer Roman, und der Verleger hat mich in der Werbung dafür als Kultautor bezeichnet. Nach Wikipedia ist ein Kultautor einer, der einen speziellen Anhängerkreis gewinnen konnte. Und tatsächlich habe ich keinen großen Anhängerkreis, sondern einen kleinen, also speziellen.

Wie klein oder speziell dieser Anhängerkreis ist, das bemerke ich bei meinen Lesungskonzerten. Denn ich bange immer: Kommt eine Zuschauerin? Kommen zwei? Kommen fünf, und muss das nicht ein Versehen sein? Sind fünf Zuschauerinnen, von denen jede ein Buch kauft, nicht besser als fünfzig, die gar nichts von einem haben wollen?

Diese Frage ist schwierig zu beantworten, weil man dazu das Lesungshonorar wissen muss, oder den Deal mit den Prozenten. Kurz gesagt, ist eine Lesung mit tausend Euro Honorar am schönsten, wenn viele Menschen im ausverkauften Saal dazu noch meine Bücher kaufen, sodass ich keines davon durch Deutschland oder Berlin wieder nach Hause schleppen muss.

Was ich so wenig zugeben konnte wie Schriftsteller werden zu wollen, war, Lebenskünstler zu sein. Ein Lebenskünstler ist einer, der mit wenig Geld und sonstigen Mitteln ein sehr luxuriöses Leben führt.

Ich wohne inzwischen in der feinsten Gegend von Berlin, reise seit vielen Jahren zu den schönsten Orten der Welt und esse deutlich besser, als wenn ich täglich in die teuersten Restaurants einkehren würde.

Ich rauche Joints mit Aktivkohlefilter, und dank eines ausgeklügelten Physioprogramms bin ich körperlich für mein Alter erstaunlich rüstig.

Ich könnte gegen die Bezeichnung *Kultautor* protestieren. Aber stattdessen lese ich es und denke mir: Stimmt! Bezeichnungen, die falsch sind, kenne ich genug. *Bestsellerautor* wäre falsch. Auch *Nobelpreisträger* oder auch nur *bekannter Schriftsteller* würde den Sachverhalt meines Lebens nicht treffen.

Andere Bezeichnungen sind zwar zutreffend, aber nicht für die Werbung zu gebrauchen. So habe ich die Erfahrung gemacht, dass das Wort *Kassengift* ganz gut meine Wirkung auf Vorverkauf und Abendkasse trifft.

Es ist nicht so, dass ich meinen Verleger für wahnsinnig halte, auch wenn ich vieles nicht verstehe, was er entscheidet. So ist besagter Roman *Ein Yankee an Kaiser Wilhelms Hof* das dickste Buch meiner Laufbahn, und ich war sicher, es müsste deshalb zur Deckung der Kosten viel teurer sein, als die früheren dünneren. Stattdessen wird es das billigste sein.

Zwanzig Euro kostet mein *Buch der schmutzigen Wörter*, und für nur achtzehn Euro kann man den historischen Wälzer kaufen.

Falls der dahinterstehende Plan aufgeht, nämlich der, dass dieser Wälzer ein Bestseller wird, dann kommt ein schwieriger Moment in meiner Karriere. Dann wird man feststellen, dass *Kultautor* die falsche, und dafür *Bestsellerautor* die richtige Bezeichnung ist. Beten wir alle, dass es niemals dazu kommt!

Und jetzt geht es weiter mit DEM Kultautor.

WEIHNACHTSGESCHICHTE

Es war der letzte Tag vor Weihnachten, ich litt Höllenqualen. Mein Hautarzt, der sicher schon viel Schlimmes in seiner Karriere gesehen hatte, war ehrlich entsetzt:

„Sie müssen in die Klinik, alles andere hat jetzt doch keinen Sinn!" Ich ging in Gedanken die verschiedenen Optionen durch, aber es kam überhaupt nicht infrage. Ich hatte nicht weniger als siebenundzwanzig Weihnachtsmannjobs, alle selbst requiriert, im Durchschnitt fünfzig Euro pro Besuch, das machte zusammen eintausenddreihundertfünfzig Euro, nicht schlecht für einen Abend, oder? Klar war das eigentlich gar nicht zu schaffen, aber ich hatte mir mit besonders frühem Anfang, 14 Uhr, und einigen unauffällig abgekürzten Besuchen, und dem letzten um 23 Uhr, einen Plan zusammengezimmert, der sich erfüllen ließe.

Seit meiner Kindheit leide ich unter Psoriasis vulgaris, deutsch: Schuppenflechte. Es gibt bei dieser Hautkrankheit eine gewisse unheilige Allianz mit dem Wetter, je kälter und dunkler die Jahreszeit, umso stärker entzündet sich die Haut, die schuppte und juckte zum Wahnsinnigwerden.

„Tut mir leid", log ich den Hautarzt an, „aber Sie wissen doch, Weihnachten, die Familie, ich muss unbedingt meine Eltern besuchen! Können Sie mir nicht irgendwas verschreiben?"

„Sie müssen in die Klinik. Aber ich kann Sie nicht zwingen. Ich verschreibe Ihnen eine vierzigprozentige

Dithranol-Salbe, die färbt stark ab, also seien Sie vorsichtig mit heller Kleidung, und die dürfen Sie auf keinen Fall länger als zehn Minuten auf der Haut lassen! Besser, Sie beginnen mit zwei Minuten."

Zu Hause behandelte ich mich nach Vorschrift, aber es tat sich nichts, gar nichts. Ich hoffte, dass sich vielleicht noch über Nacht eine heilende Wirkung einstellen würde und konnte vor Jucken kaum schlafen.

Am nächsten Tag kam noch Ärger mit meinem Kübelwagen dazu, auf dem mein komplizierter und umfangreicher Besuchsplan für den Weihnachtstag beruhte. Ich musste den Vergaser wechseln und mir danach die schwarz verschmierten Hände abbürsten, sie wurden rot und rissig, und die Fingernägel blieben schwarz trotz ausgiebigen Bürstens.

Der Juckreiz hatte inzwischen apokalyptische Ausmaße angenommen, ich kratzte mich buchstäblich blutig. Es ging auf 14 Uhr zu, eine halbe Stunde Fahrt musste ich zur ersten Familie rechnen. Ohne ein linderndes Medikament hatte ich keine Chance. Gut, dachte ich, viel hilft viel, und ich schmierte auf die befallenen Arme und Beine eine dicke Schicht Dithranol-Salbe und rollte Mullbinden darum. Dann zog ich den dicken Weihnachtsmannmantel über, die Zipfelmütze, und band mir den weißen Bart um, den ich mir aus gerollten Papierstreifen gebastelt hatte.

Der erste Besuch verlief glimpflich, drei Erwachsene und zwei Kinder, ein Whisky, ich steckte den Fünfzigeuroschein in die Innentasche des roten Mantels, keine besonderen Vorkommnisse. Der zweite ging auch, drei Kinder und zwei Erwachsene, ein Wodka, der zweite Schein. Der dritte Besuch gehorchte ebenfalls meinem

Zeitplan, Eltern und eine Tochter, die vor Angst einpullerte, ein Glühwein, mein dritter Schein. Weiter ging es, Familie um Familie, Schnaps um Schnaps, ein jeder war ein kleiner Trost, meine Wangen wurden feurig und meine Nase rot, während sich die Innentasche mit Scheinen füllte. Jesus war nicht umsonst gestorben!

Dann bemerkte ich an den eingeschmierten Hautarealen ein Brennen, das aber den Juckreiz nicht aufhob, sondern extrem verstärkte. Ich klingelte in einem noblen, edel sanierten Altbau am Kollwitzplatz, mein letzter Besuch, nun hatte die Ochsentour ihr Ende.

Der Vater empfing mich auf dem Treppenabsatz. „Da sind Sie ja endlich. Zum Glück haben wir die Klingel leise gestellt. Die Kinder haben noch nichts gehört. Hier die Geschenke!", sagte der Mann und überreichte mir ein kleines und ein großes Päckchen. „Für den Jungen die DVD, und für das Mädchen die kleine Setzerei. Und können Sie bitte warten, bis die Kinder die Geschenke ausgepackt haben?"

Nach den vereinbarten Minuten klopfte ich. „Hohoho!", rief ich, während ich durch den langen Flur lief. Dann sang ich: „Noche de paz, noche de amor, Weihnachtsmann im Korridor!" Im Wohnzimmer war alles, wie es sein musste: Weihnachtsbaum mit elektrischen Kerzen, auf dem Tisch ein Kerzenständer mit echten Kerzen, Teller mit Naschwerk, der Geruch von Weihnachtsgans lag in der Luft, und Weihnachtslieder aus der Anlage.

Bescherung. „Na, mein Junge", sagte ich, während ich all meinen Willen zusammennehmen musste, um mich nicht an den Armen und Beinen zu kratzen. „Warst du auch schön artig?" Merkwürdigerweise begann der Junge, statt zu antworten, ein ewig langes Weihnachtslied zu singen:

„Morgen, Kinder, wird's was geben, morgen kommt der Weihnachtsmann. Er wird allen eine kleben, ach, wie wir uns darauf freu'n." Ich konnte mich auf den weiteren Text nicht konzentrieren, weil ich einen Weg gefunden hatte, mir unauffällig Erleichterung zu verschaffen, indem ich die Hände in den jeweils anderen Ärmel verschwinden ließ und kratzte, oooh, tat das gut! Dann gab ich dem Jungen sein Geschenk.

Er packte aus, während seine Schwester an der Reihe war. Ich hatte mich in einen Sessel gesetzt, und während sie sang, griff ich, so unauffällig es möglich war, von unten in meine Hosenbeine und kratzte an den Beinen. Es war leider nicht sehr unauffällig, das Mädchen starrte nach unten, vorsichtig holte ich die Hände wieder heraus, das Mädchen stockte mitten im Lied.

„Ist Ihnen nicht gut?", fragte der Hausherr, alle kuckten mich an. Ich gab dem Mädchen rasch sein Geschenk, und zu meinem Glück schrie jetzt der Junge auf und lenkte damit die Aufmerksamkeit von mir ab:

„*Der Fluch der Mumie*, mit Boris Karloff!", rief er und lief mit der inzwischen ausgepackten DVD zum Fernseher und legte die Scheibe ein. Das Mädchen packte die Setzerei aus, sie war erstaunlich umfangreich, ein Metalltablett dabei und mehrere Schuber, in die man die Gummibuchstaben einschieben konnte.

„Kann ich mal kurz auf Toilette?", fragte ich, mir wurde der Weg gewiesen. So schnell ich konnte, riss ich die Sachen herunter und rollte die braun verfärbten Mullbinden ab.

Ich hätte besser abschließen sollen, denn der Junge kam herein ohne anzuklopfen und starrte entgeistert auf das Bild, das sich ihm bot:

Ein Mann mit Papierbart in Unterwäsche, dessen Arme und Beine mit bräunlichen Mullbinden umwickelt waren. Er sagte kein Wort, blickte einfach auf mich und starrte, und ich starrte zurück. Schließlich brach ich das Schweigen:

„Der Weihnachtsmann hat Schuppenflechte, das ist Dithranol-Salbe, die muss ich abwaschen, sonst verbrennt sie mir die Haut." Mit weit aufgerissenen Augen ging der Junge rückwärts aus der Tür.

„Was ist denn mit dem Jungen?", hörte ich die Mutter fragen, ich schloss jetzt doch lieber ab.

Endlich hatte ich alle Binden runter, jetzt musste die höllisch brennende Salbe noch abgewaschen werden. Ich schaute in die Badewanne, und dort glotzte mich ein Monster an. Ich schreckte zurück und fiel übers Klo, schlug mit dem Hinterkopf auf ein Regal, es krachte zu Boden, noch bevor ich auf die Fliesen knallte.

„Was machen Sie denn da drin?", fragte der Hausherr und rüttelte an der Tür.

„Was ist in der Wanne?", schrie ich irgendwo zwischen Panik und Benommenheit zurück.

„Unser Silvesterkarpfen, aber was, um Gottes willen, machen Sie denn da?" Er rüttelte weiter, ich griff an meinen Hinterkopf, der war feucht von Blut. „Nichts, ich bin gleich fertig!", sagte ich und begann, das Blut mit den braunen Mullbinden von den Fliesen zu putzen, und setzte die Weihnachtsmannmütze wieder auf.

Verdammt, warum hatten sie hier keinen Mülleimer? Ich überlegte kurz, die Binden mit in die Badewanne zu dem glotzenden Karpfen zu werfen, entschied mich dann aber anders und warf sie ins Klo. Ich spülte, das Wasser sammelte sich in der Schüssel, ich stopfte mit der Klobürste nach, zum Glück lief es langsam ab.

„Sind Sie fertig?“, brüllte der Hausherr.

„Ja, gleich!“ Ich musste noch die Salbe abwaschen, ich nahm den weißen Waschlappen und schmierte das Zeug runter, er färbte sich tiefbraun, aber es ging nicht anders.

„Schon fertig! Wissen Sie, das viele schwere Essen führt auf Dauer zu Darmträgheit“, erklärte ich dem Mann, während ich mit ihm zurück ins Wohnzimmer ging.

„Übrigens“, sagte der Mann, „ich bin Schriftsetzer. Ich habe noch im Bleisatz gelernt.“ Er schenkte mir einen Sambuca ein, ich nahm gern an. „Kennen Sie Bleiläuse?“, fragte er mich.

„Bleiläuse? Nein, was sind Bleiläuse?“

„Das haben sie mir als Lehrling gezeigt, passen Sie auf!“ Er nahm die Sambucaflasche und füllte von dem Schnaps eine gehörige Menge auf das Schriftsetzertablett und fächerte die Zeilen auf. „Da!“, sagte er, „sehen Sie die Bleiläuse?“ Ich beugte mich hinunter. „Ist das Blut?“, hörte ich die Frau fragen. Mit einem Ruck schob er die Zeilen zusammen, dass der Schnaps mir ins Gesicht spritzte. Leider auch in die Augen, es brannte nun auch dort, überhaupt brannte es in meinem Gesicht.

„Der Bart brennt!“, schrie die Mutter. Geistesgegenwärtig riss ich mir den Bart aus dem Gesicht und schleuderte ihn davon. Vorsichtig öffnete ich die Augen, die Kerzen brannten, der Sambuca auf dem Tablett brannte, die Tischdecke brannte, und mein Bart, der in dem Weihnachtsbaum hing, brannte auch. Ich zog meinen

Mantel aus und warf ihn über den Baum, die einfachste Methode, einen Brand zu löschen, ist immer noch, ihn zu ersticken. Aber es wirkte nicht ausreichend. Da die Familie paralysiert auf die Ereignisse starrte, war es an mir, die Situation zu retten. Ich rannte ins Bad, der Junge saß auf dem Klo und starrte mich an. Das waren ja richtige Glotzkowskis hier, ich konnte jetzt auf seine feinen Gefühle keine Rücksicht nehmen.

„Wo ist ein Eimer? Es brennt!“, schrie ich ihn an. Er zeigte auf einen Schrank, ich öffnete ihn, füllte den Eimer mit Wasser aus der Wanne und rannte damit zurück. Der Rest der Familie war nun etwas umtriebiger, aber niemand verhinderte das fröhliche Aufflammen, als das Feuer die Geldscheine der Innentasche verzehrte. Ich holte aus und goss den Eimer über den hell lodernden Weihnachtsbaum. Von meinem Mantel war nichts übrig geblieben, stattdessen zappelte nun der riesige Karpfen in den glühenden Resten. Er war wohl von der Situation überfordert und in Panik geraten.

Da die Tischdecke noch immer brannte, nahm ich den Fisch und schlug mit ihm den Brand auf der Tischdecke aus, das hatte auf das Tier auch eine beruhigende Wirkung.

Der Junge stand in der Tür, im zum Glück unbeschädigten Fernseher lief *Der Fluch der Mumie*, der Junge hatte seine Hose nicht hochgezogen und die Rolle mit Klopapier in der einen, einen braunen Lappen in der anderen Hand. Er heulte, in dem Flur stand das Wasser. Es klingelte an der Tür, eine Sirene kam näher, und Blaulicht blinkte durch die Gardinen.

BIER IN DER MÜTZE DES OBERFELDWEBELS

Leopold ging ins Badezimmer, um sich die Hände zu waschen. „Verdammte Scheiße", sagte er, „das hätte sie nicht tun dürfen."

Ein schönes Badezimmer, blaue Kacheln auf dem Boden, rote unter der Dusche. Nicht sehr groß. Aber scheiß drauf, wie Stalin zu Bucharin sagte, als seine Frau sich umgebracht hatte. Das Badezimmer hatte keine Fenster, jedenfalls nicht nach draußen, sondern nur Oberlichter, durch die etwas Licht hineinfiel, aber nicht genug, um die Tageszeit erraten zu können. Aber da war eine Tageszeit, kein Zweifel.

„Verdammte Scheiße", sagte Leopold, „das hätte sie nicht tun dürfen."

Er suchte nach Seife in einem kleinen Schränkchen und betrachtete seine gelben Zehennägel. Sie waren groß und gelb, aber gesund. Damit würde es noch einige Zeit gehen. Er öffnete den Verschluss irgendeines Duschgels, und ihm fiel der Tag ein, als ihn dieser Arbeitslose von hinten umarmt hatte, und kurz darauf schoss jemand auf den amerikanischen Präsidenten, war es Johnson gewesen oder Nixon?

Dieser Arbeitslose damals wollte Geld für Kaffee, ein ganz passabler Kerl. An der Autobahn an einer Raststätte, wo der Kaffee 3,80 Mark kostete, und dann gab es auch noch Ärger wegen des Kaffees. Dieser unverschämte Kellner behauptete, dieser Preis wäre nur für den koffeinfreien Kaffee gewesen, aber es stand gar nicht auf der Karte. Aber die anderen hatten dann zum Aufbruch gedrängt, ein Schwarzarbeiter aus Kreuzberg und ein Lehrling aus Potsdam. Was wohl heute mit dem Auto ist? Ob die Gauner es wirklich verschrottet oder ihn nur abgezogen hatten?

„Verdammte Scheiße, das hätte sie nicht tun dürfen", sagte er laut. Dann schwieg er.

Leopold legte das Duschgel hin. Er sah sich im Bad um. Ein Stapel Comic-Hefte. Sibille hasste Comic-Hefte. Sie sagte, sie wäre „zu alt" dafür. Als ob er jünger wäre. Sein Blick fiel jetzt auf das Rasierwasser. Wo hatte er das damals her? War das aus dieser Schwulenbar in Oslo oder von dem philippinischen Taxifahrer in Washington? Wenn es vom Taxifahrer war, war der bestimmt auch schwul gewesen, warum sollte er ihm sonst Rasierwasser geschenkt haben? Er nahm es runter, schraubte den Verschluss auf und roch daran.

Er verzog das Gesicht. Er goss einen Schluck in ein Zahnputzglas und machte Wasser dazu. Er roch wieder daran, nicht mehr ganz so eklig. Einige kleine Stückchen vom verkrusteten weißen Inneren des Bechers lösten sich ab und schwebten in der Flüssigkeit. Wie Goldfische in einem Kugelglas.

Leopold trank. Es war zu warm und schmeckte zu süßlich.

Es war wärmer als der Ouzo, den sie damals in Peking hatten, als er bei den Studenten war. Sie hatten die Polizei die ganze Zeit an der Nase herumgeführt, und die Stimmung war wahnsinnig. Abends waren sie angeln, fingen einige Karpfen, das chinesische Glückssymbol. Auf dem

Rückweg fiel er aus dem kleinen Bus und holte sich von einer Norwegerin den Tripper. Sonst wäre er gestorben, es war ein höllischer Krieg.

Leopold goss mehr Rasierwasser in das Glas und fügte weniger Wasser hinzu. Er trank froh, und der Haken, an dem der Waschlappen hing, gefiel ihm ausnehmend gut. Ja, solche Haken. Mit dem einen Ende so nach oben gebogen, dass man was dranhängen kann. Wie Angelhaken, bloß für Lappen statt für Fische. Überhaupt Fische. Da gab es ja Hunderte Arten. Und Insekten. Normalerweise mochte er keine Insekten, wusste aber, dass das ein Vorurteil war. Schließlich gab es auch Unterwasserinsekten. Blutegel?

„Verdammte Scheiße", sagte er, „das hätte sie nicht tun dürfen."

Er goss mehr von dem Rasierwasser ins Glas und verdünnte es nur wenig mit Leitungswasser. Wie lange war er schon auf der Suche gewesen nach unparfümiertem Rasierwasser. Aber das gab es nicht. Als wenn alle Männer Schwuchteln wären. Er war keine Schwuchtel, aber trotzdem konnte er nur parfümiertes Rasierwasser kaufen. Oder war es Frauenrasierwasser? Leopold schaute auf das Etikett, alles Französisch. Also doch Schwuchteln. Er sah wieder in den Spiegel.

Ja, Gelb war seine bestimmende Farbe. Das Weiße seiner Augen war gelb, seine Haare waren gelb, seine Zähne waren gelb, und sogar die Fingernägel und einige Finger. Aber schließlich war Gelb auch keine schlechte Farbe, Sonnenblumen, Zitronenfalter, Margeriten. Braun, da musste er sich vorsehen. Wenn das Gelbe ins Braun übergeht, dann wird es gefährlich.

Leopold leerte das Glas und goss Rasierwasser nach. Die Rasierwasserflasche war jetzt fast alle, aber in der Küche war noch mehr Alkohol. Es war eine gute Küche, und es war reichlich Alkohol darin.

„Meine Herren", Leopold sprach jetzt laut, „Sie sehen mich hier stehen und denken, ein Mensch in unvorteilhaftem Allgemeinzustand. Aber was wissen Sie denn von Arabien? Haben Sie schon mal den Harn von Pferden getrunken? Natürlich, jetzt, hier bei Ihnen, werde ich Alkohol trinken, denn vom Alkohol heißt es schon in der Edda, dass er die Sinne schärft."

Leopold hielt inne und dachte nach. Hatte er eben alles korrekt zitiert? Aber es waren ja keine Zuhörer dabei, und so kam es nicht drauf an.

Sein Gesicht im Spiegel war von Grauschleiern verhangen. „Du schwule Ratte!", raunzte er sich an, ohne Grund. War das überhaupt noch ein Gesicht? Ähnelte es nicht vielmehr einem aufgeblasenen Darm?

Leopold zitterte ein wenig, als er daran dachte, wie sie sich damals in Südamerika aus der vierten Etage des Polizeigebäudes am Darm eines toten Mitgefangenen abgeseilt hatten. Es macht sich ja gar niemand klar, dass der Dünndarm tatsächlich zwölf Meter lang ist. Nach diesem Erlebnis hatte er dann mehrere Jahre wirklich viel getrunken und war dann zu dem Schluss gekommen, dass es nur ein sehr schlechter Traum gewesen war. Aber eigentlich wusste er es besser.

Und er hatte sich gerächt. Einige Jahre bei dem Amazonasstamm und die Lehre im Schrumpfkopfbasteln. Niemals hätte er es für möglich gehalten, dass man auch von lebenden Menschen einen Schrumpfkopf anfertigen konnte. Das war auch ein kleines Meisterwerk, dieser Schmerz und diese Qualen im Gesicht. Die Witwe des Polizeipräsidenten hatte nicht schlecht gestaunt.

„Verdammte Scheiße", sagte er, „das hätte sie nicht tun dürfen."

Er nahm die Zahnpasta und schmierte sie sich über die Augenbrauen. „Weiße Augenbrauen", raunte er, „das geheime Erkennungszeichen der Weisen auf dieser Erde."

Er trank den Rest des Rasierwassers, und kurz hatte er das irritierende Gefühl, ein Elefantenrüssel zu sein.

„Nein, auf keinen Fall, nicht in hundert Jahren hätte sie das tun dürfen."

Mit einer großen theatralischen Geste schmierte er sich noch einen Zahnpastaschnurrbart.

„Ich bin noch lange nicht fertig, meine Herren", schrie er, „Sie sehen hier nur eine Andeutung dessen, was noch kommen wird. Die Hölle hat keinen Fahrstuhl."

Leopold torkelte aus dem Bad durch den Flur ins Treppenhaus. Ein großer schwarzer Hund kam langsam die Treppe herunter. „Ach du lieber Gott", sagte Leopold, „das ist aber ein Mordsprimakerl von einem Hund, fuckin' hell."

Leopold legte sich auf den Fußboden. Ja, das war ein großer schwarzer Hund, mit dem ein Mann klarkommen konnte. Er legte seinen Kopf auf den Hund, der Hund drehte seinen Kopf und leckte ihm die Zahnpasta aus dem Gesicht. Dann biss er ihm ins Bein.

„Ach du lieber Gott", sagte Leopold. „Verdammte Scheiße, das hätte sie nicht tun dürfen."

GEBÄRMUTTERSTRICKEN IN DEN WEHENPAUSEN

Wie ich mal rausgefunden hab', wie viel Gramm ein Schluck Kaffee sind, das ist eine Geschichte für sich. Es begann damit, dass Heidi glaubte, wir sollten unser Baby im Geburtshaus bekommen. Da könne man sich die Musik aussuchen, und sie hätten Kerzen und eine Badewanne. Da musste man aber einen Vorbereitungskurs besuchen. Alle legten sich nebeneinander, und die Hebamme sagte: „Und jetzt geben wir unsere Gedanken an die Wolken." Ich langweilte mich furchtbar, so liegen müssen und die Gedanken an die Wolken geben, schrecklich! Dann waren noch so verschiedene Übungen, wie man die Frau festhalten könne. Und die Frauen sollten sich überlegen, wie sie Schmerzen aushalten würden.

Die Hebamme hatte erstaunliche Lehrmaterialen, mit denen sie anatomische Einzelheiten erklärte: Ein Becken, also, dieses menschliche Skelettteil, als flauschiges Kissen. Mit einer ganz normalen Puppe erklärte sie, wie der Babykörper sich da durchwurstelt. Und dann hatte sie etwas, was wie ein Strickpullover für sonderbar geformte Außerirdische aussah, mit hängenden Fäden dran. Es war eine gehäkelte oder gestrickte Gebärmutter. Und die Fäden stellten irgendwelche Sehnen dar. Und wieder erklärte die Hebamme mit der Puppe irgendeine Einzelheit der geheimnisvollen menschlichen Existenz.

Es kam irgendwann auch das Gespräch darauf, was man denn bei der Geburt zwischen den Wehen machen könne. Verschiedene Tätigkeiten wurden vorgeschlagen, eine junge Dame, die mit ihrer Freundin die Geburt durchstehen wollte, wusste noch nicht genau, würde aber irgendeine Handarbeit bevorzugen.

„Dann kannst du ja eine Gebärmutter stricken", sagte ich vorlaut und dachte, einen mittleren Witz gemacht zu haben. Als die Hebamme, anstatt zu lachen oder mich wegen meiner Geschmacklosigkeit zu rügen, den Vorschlag ganz fantastisch fand, weil sie ja sowieso eine neue Gebärmutter brauchten, da wurde mir klar, dass hier was faul war.

Die Geburt war, jedenfalls was den Teil im Geburtshaus anging, dann auch eine Katastrophe. Während sich Heidi vor Schmerzen wandt und vor Erschöpfung fast hinüber war, wurden Duftwässerchen im Zimmer verspritzt, homöopathische Tablettchen und Salben verabreicht. Und als das alles nicht half, kamen noch Akupunkturnadeln dazu.

Nach einer Ewigkeit, es waren wohl nur zwölf Stunden gewesen, ging's dann endlich ins Maria Heimsuchung nach Pankow. Dort brachten sie die Geburt relativ reibungslos über die Bühne. Saugglocke zwar, das Kind sah dadurch anfangs etwas komisch aus, aber immerhin.

Ich bekam Hühnchen und einen Kaffee. Und als ich die Tasse auf die eigentlich für die Neugeborenen bestimmte Waage stellte, es waren genau fünfhundert Gramm, und dann einen Schluck trank und die Tasse wieder hinstellte, da ich als Beißring für die nächste Wehe herhalten musste, siehe da: vierhundertfünfzig Gramm. Ein Schluck Kaffee wiegt also fünfzig Gramm. Ich nahm noch einen Schluck: vierhundert Gramm, tatsächlich, wieder was gelernt. Ja, so war das damals. Und nun ist Ella schon so alt, wie wir damals waren, und wenn wir nicht sterben, dann leben wir für immer.

DER KÖNIG UND SEINE FÜNF HÄSSLICHEN TÖCHTER

Es war einmal ein König, der lebte vor langer Zeit und hatte fünf hässliche Töchter. Die erste Tochter war so hässlich, dass die Spiegel zersprangen, an denen sie vorbeiging. Die zweite war so hässlich, dass alle Blumen sofort vertrockneten, wenn sie daran roch. Die dritte war so hässlich, dass den Hunden des Königspalastes bei ihrem Anblick alle Haare ausfielen und manche blind wurden. Die vierte war so hässlich, dass selbst die Fensterscheiben zu Milchglas erblindeten, um ihren Anblick zu verhindern. Und die fünfte schließlich war so hässlich, dass ihre eigene Mutter nach ihrer Geburt sofort gestorben war, als sie das Mädchen das erste Mal sah.

Da war der König sehr traurig gewesen und hatte seiner toten Frau ein Mausoleum aus weißem Marmor bauen lassen. Danach war er immer noch sehr traurig und er ließ alle Bauarbeiter und den Architekten des Mausoleums bei lebendigem Leibe begraben. Da ging es ihm etwas besser. Er zog nun ganz allein seine fünf Töchter groß und verdiente viel Geld mit dem Verkauf von Nackthunden und auch von blinden Hunden. Nicht etwa Blindenhunde, sondern blinde Hunde. Und sogar die blinden Nackthunde konnte er bei Staatsbesuchen verschenken, was zu vielen Kriegen führte.

Doch mit Sorge bemerkte der König, dass die Jahre vergingen wie in einem irren Karussell und noch immer keine seiner Töchter geheiratet und einen Thronfolger gezeugt hatte. Die älteste Tochter war schon über sechzig Jahre und die jüngste auch schon achtundvierzig. Und mit jedem Jahr, das vergangen war, waren die Töchter noch hässlicher und hässlicher geworden. Da entschloss sich der König, einen Wettbewerb auszuloben. Wer der geschickteste Züchter von blinden oder nackten Hunden sei, der solle sich als Belohnung eine Tochter als rechtmäßige Ehefrau aussuchen dürfen.

Ein emsiges Werkeln und Arbeiten war es auf dem Platz vor dem Palast des Königs. Sein Thron wurde auf die Freitreppe gestellt, auf dass der Herrscher einen schönen Ausblick auf das Züchten bekäme. Die blinden Nackthunde wurden bereitgestellt und mit Vaseline auf den Wettbewerb vorbereitet. Als nun aber der Tag des Wettkampfes anbrach und der König auf seinem Thron die Kandidaten erwartete, da öffnete sich das große zweiflügelige Metalltor des Palastes – und herein kam einzig und allein Erwin Schulze, und der war unglaublich betrunken. Er hatte eitergelbes Haar, braune Zähne und rote, entsetzlich schielende Augen. Er torkelte vor den Thron des Königs und rülpste, dass dem König fast die Krone vom Kopf gefallen wäre.

Der König war erschrocken, dieses Ungetüm sollte ihm womöglich einen Thronfolger schenken? Doch da begann Erwin Schulze schon mit dem Züchten.

Er nahm sich den erstbesten blinden Nackthund, dass das Jaulen und Wehklagen des treuen Tieres auch noch im letzten Keller des Palastes zu hören war. Er züchtete einen Hund nach dem anderen, und die fünf hässlichen Königstöchter beobachteten alles von den Fenstern des

Palastes, hinter deren Vorhängen sie sich versteckten. Die Königstöchter hatten von dem, was sie sahen, tränennasse Augen.

Der König saß auf seinem Thron auf dem Hof, und ihm wurde plötzlich klar, wie ekelhaft die ganze Situation war: Der hässliche Erwin Schulz, der in wildem Vergnügen seine braunen Zähne zeigte, die jaulenden Nackthunde in Erwins unbarmherzigen Händen, seine fünf Töchter, die alles von den Fenstern aus sahen.

„Wachen!“, rief der König, und die Wachen kamen angerannt. „Festnehmen!“, schrie er und zeigte auf Erwin Schulz. Die Wachen rührten sich nicht. Dem König wurde unbehaglich. „Festnehmen!“, sagte er, jetzt schon leiser. Die Wachen machten noch immer keine Anstalten, ihm zu gehorchen.

„Oh mein Gott“, stöhnte der König, „das ist Revolution!“ Und so war es auch. Der König wurde von den Wachen auf die Mitte des Platzes gezerrt, Erwin Schulz züchtete mit verzücktem Grinsen die Hunde weiter, es gab ein kurzes Geräusch, wie wenn man bei Fleisch Knorpel durchbeißt, und der Kopf des Königs lag in einer Blutpfütze neben seinem Körper und die Hunde jaulten, keiner wusste, ob aus Trauer um den König oder wegen der Züchterqualitäten von Erwin Schulz.

Die Wachen riefen die Republik aus, die fünf hässlichen Schwestern bekamen die fünf Schlüsselpositionen in dem neuen Staat: Die älteste wurde Premierministerin, die nächste Verteidigungsministerin, die dritte Wirtschaftsministerin, die vierte Außenministerin und die fünfte Hundeministerin. Von dem Geld, das sie verdienten, konnten sie sich so viele Männer kaufen, wie sie wollten.

Und Kinder hatten sie sowieso nie gewollt und deshalb ja auch die Revolution gegen den König eingefädelt. Auch wegen der Gleichberechtigung der Frauen.

Und wenn sie nicht gestorben sind, so leben sie noch heute und regieren ihr Land mit Strenge und Logik.

SCHLIMME LESUNGEN: IN HANNOVER PRIVAT ÜBER SISSY

Damals, im Oktober 2001, befand ich mich, ohne es zu wissen, immer noch am Anfang meiner Laufbahn als Vortragsreisender. Trotz Bautzen, Seifhennersdorf und Dresden, wo ich jeweils schon gefeierte Vorstellungen gegeben hatte, ahnte ich nicht, dass mir das Schlimmste noch bevorstand. Und damit es nicht den Eindruck macht, ich würde nur meckern und alle Veranstalter schlecht machen: Wir wurden in Hannover sehr nett vom Bahnhof abgeholt, haben passable Pizza in einer Imbissbude bekommen, und es war auch viel Publikum da. Und trotzdem ist mir die Lesung von Hannover in schlimmer Erinnerung geblieben.

Dabei schien gar nichts schiefgehen zu können, wir hatten einen Vertrag, da standen Honorare für mich und den geschätzten Freund und Kollegen Jakob Hein drin, wir würden im Duett unseren populären Filmvortrag über Halluzinationen bei den Simpsons halten, auf dem Vertrag stand unter der Rubrik „Hotel/Pension“ deutlich lesbar „privat über Sissy“, Sissy war der Name des Auftrittslokals, und warum sollten wir nicht in einer Privatpension nächtigen, die der Veranstalter ausgesucht und demzufolge für gut befunden hatte?

Ich hatte gerade etwas über die komplizierte Verdauung der Weichtiere gelesen und mir vorgenommen, Jakob Hein zu sagen, dass doch die Verdauung sehr viel wichtiger sei als die Psyche, und hoffte, das würde ihn als Psychiater einigermaßen treffen. Meine Geliebte und ich sahen ihn schon am Schalter der Bundesbahn, er hatte erfahren, dass man mit dem Guten-Abend-Ticket zwar Inter Regio Express fahren könne, aber nach Hannover gab es überhaupt keinen.

Also fuhren wir mit dem ICE, wurden, wie gesagt, am Bahnhof abgeholt und fuhren ins Sissy. Das Sissy erwies sich als relativ normale Kneipe, wenn auch die an der Bar Sitzenden einen etwas lethargischen Eindruck machten. Wir wollten unsere Videos ausprobieren und die Mikrofone, doch es war überhaupt noch nichts aufgebaut, es war auch noch nicht absehbar, wann etwas aufgebaut sein würde.

Aus unerklärlichem Grund rollten sie einen Teppich auf, der wohl seit einigen Jahrzehnten dort gelegen hatte und voll Schimmel und schlimmeren Pilzen war, und verdreckt von Salzstangen und getrockneter Kotze. Sie schleppten einen Staubsauger an, den sie wohl von einer Baustelle geklaut hatten, der dröhnte und stieß schwarze Wolken Qualm und Dreck aus, dass wir alle husteten und vor Luftmangel fast ohnmächtig wurden, dazu funkte die Maschine und stank nach verbrannten Kabeln. Sie entschieden sich dann dafür, das Gerät zu entsorgen, den Teppich aber wollten sie behalten, weil sich das Publikum bei unserem Vortrag ja daraufsetzen könnte.

Dann wollten wir gern die Zimmer in unserer Pension sehen. Aber es gab wohl gar keine Pension, „privat über Sissy", damit sei das Zimmer eine Etage weiter oben gemeint, das halt über dem Sissy liege. Wir wollten das nun gern sehen, aber das ging auch nicht, und zwar weil jemand mit der nassen Wäsche zu einem Trockner unterwegs sei. Wir konnten uns zwar beim besten Willen nicht vorstellen, was das eine mit dem anderen zu tun haben sollte, aber wir wurden immer noch nicht misstrauisch.

Der Videobeamer und die Mikros waren immer noch nicht installiert, der Techniker Eddy war von einer für uns ganz ungewohnten eigentümlichen Langsamkeit. Wir fuhren also zu einer Imbissbude bei Anni, wo sie uns vor Fett strotzende Pizzas brieten, und tranken dabei „Hennis“, das lokale Bier. Auch bis zur Ankunft der Pizzas vergingen einige Ewigkeiten, man sollte aber auch nicht Hannover an Berlin messen, das wäre ungerecht.

Totmacher Haarmann hatte hier in der Nähe sein Wesen getrieben, Theodor Lessing auch. Mir fiel der spindeldürre und auch noch mit langen Narben versehene Arm des Veranstalters auf; Jakob, den ich bei Gelegenheit danach fragte, vermutete eine Tumorerkrankung oder einen Nervenabriss, ähnlich Wilhelm Zwo. Die mutmaßliche Rente würde dann auch sein Privatiersdasein erklären. Denn natürlich verdienten sie mit Sissy kein Geld, erfuhren wir später, sie zahlten eher noch drauf. Das haben übrigens Veranstalter mit Agenten und Verlegern gemeinsam, die zahlen alle bei allem immer drauf.

Wahrscheinlich zahlten sie auch mit dem Zimmer „privat über Sissy“ drauf, das war eine Rumpelkammer, und weil wohl die Bettwäsche nicht trocken geworden war, hatten wir benutzte mit Eiweißpools auf den Laken. Wahrscheinlich zahlten sie dann auch bei der Vorstellung drauf, das Sissy war überfüllt, und ich musste vor vollem Haus wie fanatisch die Videos zurückspulen, ein Tim aus dem Publikum war jetzt wenigstens ein recht kompetenter Techniker.

Erst halb elf konnten wir anfangen. Als dann der Beamer, der irgendeinen Wackelkontakt hatte, erlosch, riet uns unser Veranstalter Stefan, doch das Publikum zu fragen, ob wir weitermachen sollten oder nicht, und ihm war deutlich anzumerken, dass er eigentlich wollte, dass wir unseren Vortrag nicht zu Ende führten.

Ich wurde innerlich ungerecht und notierte mir „Scheißquartier, Scheißladen, Scheißorganisation, Scheißtechnik, schlechte Luft, Scheißpublikum", damit ich es nicht vergaß. Und dann gab es noch Streitigkeiten ums Geld, wieso wir denn nicht mit dem Wochenendticket gekommen seien. Nur mit Mühe zog das Argument, dass es dafür überhaupt keine Verbindungen gab. Wir bekamen zwar nicht, was uns zustand, aber wenigstens noch das Fahrgeld.

Dass ich die vermutlich einzige Gelegenheit in meinem Leben versäumte, Jakob im Nachthemd zu fotografieren, lässt sich auch nur durch die vielen genossenen Hennis erklären. Dann wummerte von unten, wir lagen ja privat über Sissy, Rock-'n'-Roll-Musik von penetranter Lautstärke, ich hatte hypnagoge Lichterscheinungen davon, schwarz-weiße Blähungen und sah schließlich tanzende Zebras. Jakob ist ja ein Mann vom Psychofach, und als solcher wird er vermutlich behaupten, es käme von was ganz anderem.

Als er dann um 5.30 Uhr aufstand, fiel uns schlaftrunken kein Argument mehr ein, ihm Reisegesellschaft zu leisten. Mir ist übrigens bis heute – und es sind einige Jahre seitdem vergangen – immer noch kein Argument dafür eingefallen. Wir schliefen stattdessen bis zehn, bei hellem Licht war leider alles noch etwas schmuddeliger als im Dunkeln. Ein Fremder war in der Wohnung, vielleicht war es auch der Wohnungsinhaber, wir machten, dass wir zum Bahnhof kamen.

TRAUERREDE AUF ERWIN GINSER

Keine Angst, es wird eine kurze Rede. Liebe Anwesende, liebe Kollegen und Verwandte von Erwin Ginser. Er starb so, wie er gelebt hatte, unkonzentriert, fahrig und sehr hektisch.

Sie wissen vielleicht, wie Trauerredner arbeiten. Normalerweise befragen wir Kollegen, Verwandte und Freunde, um uns ein Bild vom Verstorbenen zu machen, das wir dann schönfärben und retuschieren.

Diese eigentlich bewährte Methode funktionierte bei Erwin Ginser nicht, denn trotz allen Suchens konnte ich keinen Freund finden. Verwandte immerhin, die gibt es, und sie alle sagten mir, von ihnen aus brauchte ich nichts Positives über den Verstorbenen zu sagen. Von den Kollegen wurde mir dasselbe versichert. Ich fand niemanden, der mir über nette Züge oder liebenswürdige Eigenschaften des Verstorbenen berichtet hätte.

Liebe Anwesende, durch diese Vorgespräche weiß ich, dass niemand heute aus Mitgefühl oder Trauer um den Verstorbenen hergefunden hat. Vielleicht spielt bei manchem Neugierde eine Rolle, ob ich das Kunststück fertiggebracht habe, liebenswerte Charaktermerkmale des Verblichenen zu erkunden. Denn das hörte ich so oft: „Wenn Sie da was finden, geben Sie mir Bescheid, das würde mich auch noch interessieren."

Schon in einem der Gesetze Solons war es verboten, über den Toten Schlechtes zu sprechen. Man möge ihn seligpreisen, frei nach dem Motto:

„Man lobt nach dem Tode manchen Mann,
der auf der Welt nie Lob gewann.“

Für den Verstorbenen? Nein, es geht um die Lebenden, die brüskiert werden könnten. Und so sind wir hier denn versammelt, um eine Ausnahme zu machen. Wir wissen, dass ich mich bemüht habe, Gutes zu finden, nur vergeblich. Nun würde ich auch lügen, wie ich es sonst immer zu tun pflege, aber es gibt keinen Grund dazu.

Es wird auch gesagt „Jeder Topf findet ein Deckelchen“. Und auch diese Redensart wird vom Leben Erwin Ginsers widerlegt. Denn dieses Minimum an Willen und sozialen Fähigkeiten, das doch dazugehört, einen Lebenspartner oder wenigstens jemanden zum einvernehmlichen Geschlechtsverkehr zu finden, selbst dieses Minimum ging dem Verstorbenen völlig ab.

Er arbeitete schlechter als mittelmäßig, konnte aber aus arbeitsrechtlichen Gründen nicht gekündigt werden. Falls er sich bemüht hat, tat er das jedenfalls so, dass Kollegen und Vorgesetzte nichts davon bemerkten.

Körperlich kleingewachsen, charakterlich minderwertig, heimtückisch und abstoßend, war er der Schrecken jeder Betriebsfeier. Ich möchte hier, wenn wir doch letzten Abschied nehmen, an diese schlimmen Stunden erinnern, die ein jeder durchzustehen hatte, den das Schicksal einen Platz neben Erwin Ginser anwies. Jeder Mensch hat ein Hobby, so heißt es. Ginser war auch hier die Ausnahme. Kein Hobby, kein Interesse, er war die personifizierte Langeweile. Fragte ihn jemand auch nur nach Fernsehen, bekam er zu hören: „Alles langweilig!“

Was machte Ginser so? Ich habe mich vielleicht als Erster dafür interessiert, und so viel kann man sagen:

auch als Letzter! Ginser machte nix! Keine Briefmarkensammlung, keine Bücher oder Zeitungen.

Wenn Ginser jetzt nicht sofort in die Erde gebracht würde, wäre meine Aufforderung, die Totenwache zu verstärken, damit er niemals wieder aufersteht.

Nun lasst uns dieses deprimierende Kapitel beenden, Träger, schultert den Sarg! Jeder hinterlässt Spuren, das ist wahr, ich spreche wohl für alle hier mit der Bitte, dass die von Erwin Ginser möglichst schnell verwehen mögen.

Ich denke, wir anderen sparen uns den Weg zum Grab und gehen direkt in die Kneipe, und wenn irgendjemand Erwin Ginser erwähnt, werde ich sofort verschwinden.

WIE STEIN EINMAL FAST ÜBERFÜHRT WORDEN WÄRE

Überraschend war sie nicht, die Nachricht von Steins Tod, seit Jahren hatte er sich intensiv mit Religionen beschäftigt und immer wieder kichernd zu uns gesagt: „Kinder, ich sterbe zuerst von euch!" Dann der Lungenkrebs, und Stein war immer noch Stein, ließ sich einfach nicht operieren, präsentierte sich in makabren Videos, und dann war er mit einem Mal in einer dubiosen Klinik bei Saarbrücken. Und dort starb er. Als sich gerade eine kleine Völkerwanderung zu ihm in Bewegung setzen wollte, um ihm die Hand, oder was auch immer, zu halten, war es schon aus, er war tot.

Sein letzter, mehrfach geäußerter Wunsch war, sich einbalsamieren zu lassen und so im Rollstuhl durch den Tiergarten gefahren zu werden. Das mit dieser Klinik am Arsch der Welt war mal wieder eine typische Stein-Aktion gewesen, völlig sinnlos, und nun drohte eine eigentlich unbezahlbare Überführung.

Wir von der Reformbühne, bei der Stein seit Gründung 1995 fest dabei gewesen war, standen beieinander und erinnerten uns an unseren Freund. Seine makellos weißen Zähne, auf die er immer so stolz gewesen war – er hatte sich sogar Brillanten in die Schneidezähne einsetzen lassen. Oder wie er immer auf seinem Zebra in den Schokoladen kam? Das war nach seiner Rentierphase.

„Oder“, so Bov, „erinnert ihr euch an seine akribische Buchführung? Diese Kladde, in die er jede Einnahme schrieb?“ Wir nickten und erinnerten uns. Heiko sagte:

„Er war einfach ein Profi, ein Bühnenprofi, da saß jede Pointe, jeder Satz.“ Ja, so war Stein gewesen.

„Er wollte einbalsamiert werden, das war sein letzter Wunsch, den müssen wir ihm erfüllen!“, sagte ich.

„Mensch!“, sagte Jakob, „das ist unbezahlbar, allein schon die Überführung, und dann das Einbalsamieren!“ Da erinnerte ich mich an etwas:

„Ich kenne einen Tierpräparator im Ruhestand, in Heckelberg, der würde uns einen Sonderpreis machen, der macht nur noch, was ihm Spaß macht und was eine Herausforderung ist.“

„Aber war das denn wirklich Steins letzter Wunsch?“, fragte Heiko. Leider führte daran nichts herum, immer wieder hatte er davon gesprochen.

„Am billigsten wäre“, wusste Jakob, „ihn dort in Saarbrücken einäschern zu lassen, die Urne kann man mit der Post schicken. Und er merkt es ja nicht mehr.“

„Oder per Internet, das ist noch günstiger“, meinte Heiko.

„Muss man ihn dafür nicht mit einem 3-D-Scanner einscannen?“, fragte ich. Uli warf ein:

„Ich hab’ doch den P-Schein, der gilt für Personentransporte aller Art.“ Aber die Bestattungsmafia hatte längst jeden Leichentransport, wenn er nicht von ihnen selber in besonders teuren Autos vollzogen wurde, für illegal erklärt, und seinen P-Schein wollte Uli dann doch nicht riskieren.

Sollten wir ihn mit dem Zug holen oder mit dem Bus? Das Problem war der Geruch, also doch eher mit dem Flugzeug? Wir würden die Leiche stehlen und ihn dann in einem Rollstuhl ins Flugzeug schieben, vielleicht etwas Schnaps drübergießen und sagen:

„Das ist unser Kumpel Stein, der hat etwas zu viel getrunken." Ahne war skeptisch:

„Dafür brauchen wir einen Bauchredner, oder wenigstens jemanden, der bauchlallen kann." Unsere nächste Überlegung war, das Flugzeug zu entführen, falls es Probleme gäbe.

„Dann würden wir irgendwo abgeschossen", war sich Bov sicher, „das wär's doch noch, das Flugzeug mit dem toten Stein wird irgendwo im Saarland, im Nirgendwo, abgeschossen." Uli war wütend:

„Dieses Scheißsaarland, ich habe es euch immer gesagt, aber ihr wolltet mir nicht glauben!" Jetzt war es sowieso zu spät. Wir mussten Stein holen, war nur noch die Frage: Wer? Denn wenn wir alle hinführen, dann könnten wir ihn für die Kosten gleich in einem Sarg aus purem Gold von zehn weißen Elefanten nach Berlin ziehen lassen.

Wir losten aus, und mir war eigentlich klar, wie es ausgehen würde, bei meinem sprichwörtlichen Glück. Wenn der Blitz in einen Baum einschlug, dann stand ich bestimmt darunter. Das Los fiel auf mich und Robert. Hin würde es im Flugzeug gehen, zurück im Zug. Wir gaben Steins großen persischen Lieblingsteppich auf.

Der Taxifahrer schien nicht überrascht, als wir unser Fahrziel, das Leichenschauhaus, nannten und einen riesigen Teppich in den Kombi stopften.

„Hier sind hundert Euro", sagte ihm Robert, „und

nochmal hundert Euro gibt's, wenn Sie hier zehn Minuten warten, uns zurückfahren und keine Fragen stellen." Der Fahrer nahm erfreut das Geld.

Wir stiegen mit dem Teppich hinten durchs Fenster ein, es war ein Raum voller Schubladen, riesiger Schubladen. Ich öffnete die erste, darin lag ein circa achtzigjähriger Zigeuner, in dessen offenem Mund goldene Zähne merkwürdig lebendig blinkten.

„Fang du am anderen Ende an, wir haben nicht viel Zeit!" Robert gehorchte, ich schob den Zigeuner wieder zu und die nächste Lade heraus, ein Einbeiniger, der Tränen und ein Spinnennetz im Gesicht tätowiert hatte.

„Ein Kind!", schluchzte Robert am anderen Ende des Raums, ich ging hinüber, und es war wirklich ein harter Anblick: ein ungefähr zehnjähriges blondes Mädchen, das wie ein Engel aussah. Ich schob die Bahre schnell wieder hinein:

„Wir müssen uns beeilen, wir suchen Stein!" Ich öffnete das nächste Schubfach und rief:

„Ich habe ihn!" Robert kam an und war skeptisch:

„Ist er das wirklich?"

„Ach, was weiß ich denn! Die sehen alle gleich aus!"

„Aber er kuckt so komisch." Es stimmte, dieser Mann hatte ein trübes gelbes Auge und ein herrlich braunes Glasauge. Ich klopfte mit meinem Ehering dagegen:

„Nein, du hast recht, wir müssen weitersuchen." Ich öffnete noch eine Schublade, ein tätowierter Seemann, war Stein tätowiert?

„Ich kann nicht mehr!", sagte Robert, „Ich kann da nicht mehr hinsehen!"

„Reiß dich zusammen!“, rief ich, „tu’s für Stein!“ Es schien zu wirken, ich öffnete Lade um Lade, ein deprimierender Job. In dem Moment rief Robert:

„Bingo, ich habe ihn!“ Ich warf einen kurzen Blick auf das Gesicht:

„Das ist er, los, lass uns ihn einpacken, und ab! Ich will hier keine Sekunde länger bleiben.“ Wir rollten ihn in den Teppich und verschnürten ihn mit Gaffaband und klebten auch zwei Henkel daraus.

„Wieso ist er denn so aufgedunsen?“

„Sie werden ihn mit Medikamenten abgefüllt haben.“ Das mussten aber richtige Hardcore-Medikamente gewesen sein, sicherlich Blei, auf jeden Fall irgendein Schwermetall. Der Taxifahrer fuhr uns zum Bahnhof, wir kauften uns einige Biere und bestiegen den Zug. Die Leute waren sehr hilfsbereit mit unserem schweren Teppich, schließlich saßen wir und fuhren durch die Nacht nach Berlin.

„Sie sind überführt!“, kicherte Robert in der Art von Steins Kommissar Schulz, „Sie sind überführt, denn wir wollen, dass Sie sicher leben!“

In Berlin waren wir ziemlich übernächtigt, als wir bei Lt. Surf ankamen. Steins Freundin Karla war da. Wir packten ihn im Wohnzimmer aus.

„Aber“, sagte Karla, „das ist ja eine fette Frau! Warum habt ihr eine fette Frau hergebracht?“ Es stimmte, es war eindeutig eine fette Frau. Jedenfalls war sie dick, und das war auch die Erklärung, warum die Fracht so mordsmäßig schwer gewesen war.

Wir setzten die Frau in den Disco-Rollstuhl von Lt. Surf und fuhren sie zu Johnny-Cash-Songs durch den

Tiergarten. Wir waren beruhigt, dass Stein den Unterschied nicht zu bemerken schien, jedenfalls gab er uns kein Zeichen.

Danach ging es zum Hauptbahnhof zurück nach Zweibrücken, die Lokführer streikten noch immer, und es würde eine lange Fahrt werden. Wir waren unzufrieden.

WIE ICH MAL EINE SPORTZEITUNG REDIGIERTE

Viele Chancen hatte ich mir nicht ausgerechnet, als ich mich auf den Hinweis eines früheren Schriftsetzerkollegen um die Urlaubsvertretung des Schlussredakteurs einer Sportzeitung bewarb. Ich hatte eigentlich Sport immer gehasst und seit Jahrzehnten selbst die Tagesschau abgedreht, sobald Sportberichte kamen.

Ich wusste ziemlich genau, woher mein Hass auf Sport kam, es hat mit meinen Eltern zu tun, die Sportlehrer waren, und dadurch, dass ich Sport hasste, musste ich nicht sie hassen, eine elegante Lösung. Jetzt allerdings könnte sich dieses Lebensprinzip als Hindernis meiner Karriere erweisen.

Wahrheit ist ein sehr wertvolles Gut, deshalb sollte man sparsam damit umgehen. Ich schrieb meinen Lebenslauf um und verwandelte mich in einen perfekten Sportlehrersohn, der alle Sportarten, Spiele und Weltmeisterschaften akribisch verfolgt und wissenschaftlich analysiert hatte. Der Redakteur rief mich an und lud mich zum Vorstellungsgespräch ein.

Zu meinem Glück suchte er sehr dringend eine Vertretung, da er die einzige tägliche Sportzeitung gegründet und sie seitdem bei Zigaretten, Kaffee und Alkohol bis zur Erschöpfung geleitet hatte und sein erster, dringend nötiger Erholungsurlaub ohne entsprechenden Stellvertreter scheitern würde. Er hatte sich eine Reihe nervöser

Macken zugelegt, über die ich beim Bewerbungsgespräch großzügig hinwegsah.

Ich bekam den Job, als ich ihm die Anzahl der deutschen und amerikanischen Goldmedaillen bei den Olympischen Spielen 1936 korrekt referieren konnte, eine zufällige Kenntnis aus meiner aktuellen Charles-Bukowski-Forschung. Wen's interessiert: Deutschland 33, USA 24. Heute sei sein letzter Arbeitstag, morgen mein erster. Ich durfte ihm assistieren, er stellte mir verschiedene Redakteure und Autoren vor und schärfte mir ein:

„Es geht um die Spätredaktion, also um den letzten Blick auf die Zeitungsseiten vor dem Druck, um noch das Schlimmste zu verhindern." Ich war gegen Mitternacht froh, den glücklichen Mann in seinen wohlverdienten Urlaub abreisen zu sehen.

Als ich meinen Freunden von meinem Job erzählte, sahen sie mich ungläubig an: „Aber du hast doch überhaupt keine Ahnung von Sport!" Ich konnte nur mitleidig erwidern:

„Als Schriftsteller kann man sich leicht in fremde Welten einfühlen." Mittag ging ich in die Redaktion in einem Hochhaus in Berlin und machte mich nützlich. 23.30 Uhr waren alle Redakteure im Feierabend, und meine eigentliche Arbeit begann. Die Druckerei war verärgert, weil ich es mit meinem Gewissen nicht vereinbaren konnte, ihnen die von Fehlern wimmelnden Seiten zu senden. Ich hatte viel zu tun, es war erstaunlich, welche Unmengen von Stilblüten und grammatikalischen Schnitzern die lieben Kollegen in ihre Texte geschrieben hatten, von denen „Sie spielten auf Schalke" noch eine Kleinigkeit war. Immer wieder rief die Druckerei an und verlangte immer dringender die fertigen Zeitungsseiten, aber gerade an meinem ersten Arbeitstag wollte ich nicht schlampig sein, sondern der Presse ein Vorbild an Sorgfalt liefern und die Sportzeitung zu neuen Erfolgen führen.

Um 4 Uhr morgens war ich endlich durch und hatte, wie es meine Aufgabe war, das Schlimmste verhindert. Ich fuhr sehr glücklich über die gelungene Arbeit nach Hause.

Am nächsten Tag rasierte ich mich sorgfältig, ließ mir aber einen Schnauzbart stehen und bleichte meine Haare, außerdem kaufte ich mir einen weißen Anzug. So angemessen gekleidet, kam ich zur Redaktion, wo Männer, Knaben, Mägde und Paare am Eingang standen, und ich hörte einige sagen:

„Das ist er!“, und andere: „Seht mal, die Augen!“ Das tat mir natürlich wohl, und ich tat so, als ob ich die Aufmerksamkeit nicht wahrnahm, aber innerlich freute ich mich doch. Auch in der Redaktion waren nicht nur die Redakteure und Autoren der aktuellen Ausgabe versammelt, sondern auch viele andere Neugierige, und auch dort ging ein Rumoren durch die Gruppe, als ich eintrat. Einer der Autoren sprach mich an:

„Wir sind uns gestern nicht begegnet, ich habe den Leitartikel über die Bundesliga geschrieben, den Sie rausgeworfen und durch Ihren eigenen ersetzt haben.“ Er nahm die Sportzeitung hervor und las aus meinem Artikel vor:

„Fußball ist ein schöner Vogel, aber bei der Aufzucht muss man beachten, dass er normalerweise erst in seiner Brunftzeit schlüpft und die Eier nur im Juni eingeführt werden dürfen. Im Winter muss er in einem warmen Raum gehalten werden, wo er seine Jungen großziehen kann. Kommt Ihnen dieser Text bekannt vor?“

„Selbstverständlich, ich habe ihn ja geschrieben."

„Dann gehört auch das dazu?", er las wieder vor: *„Einen ausgewachsenen Fußball zu zähmen, ist nützlich, weil er verspielt und ein guter Rattenfänger ist.*" Ich stimmte zu:

„Dieser Aspekt kam mir tatsächlich bei Ihrem Leitartikel zu kurz." Er nickte und sagte:

„Ich danke Ihnen für Ihre offenen Worte, ich war bis eben der Überzeugung, dass ich unter einer nachhaltigen Sinnestäuschung litt." Ich freute mich, dem Kollegen so mühelos Erleichterung verschafft zu haben. Ein anderer Redakteur hatte zugehört und fragte:

„Wieso haben Sie bei Leichtathletik *Stabhochsprung* in *Stapellauf* geändert? Es gibt keinen Stapellauf in der Leichtathletik!"

„Ich bin froh, etwas frische Luft in die Redaktion zu bringen. Und vielleicht kann ich ergänzen: Noch nicht!" Die Reihen teilten sich, und der Redakteur, den ich im Urlaub wähnte, trat auf mich zu:

„Haben Sie schon einmal in einer Sportredaktion gearbeitet?"

„Nein", sagte ich, „es ist mein erster Versuch in dieser Richtung." Er nahm die Zeitung, und auch er kam nicht umhin, meine bemerkenswerten Texte zu rezitieren:

„Statt die Tennisbälle durch Taucher vom Grunde der Seen zu holen, wäre es viel praktischer und auch schöner fürs Auge, sie von jungen gut gewachsenen Frauen abfangen zu lassen. Tennisbälle schwimmen, Seen sind sehr selten in der Nähe von Tennisplätzen!" Ich spürte einen Vorwurf in seinen Worten und sprach:

„Das ist doch bildlich gemeint, eine Metapher. Eher meinte ich, dass doch immer fünf bis sechs Mitglieder eines Tennisteams sich um die Kugeln kümmern könnten, die ja sonst doch immer im Abseits vor den Löchern stehen." Der Redakteur brauchte wirklich sehr dringend einen Erholungsurlaub, seine nervösen Tics hatten noch zugenommen.

„Ich frage mich, wie Sie recherchieren, zum Beispiel hier: *Paul Breitner wird immer ein Gigant in den Annalen der Formel-1-Rennen bleiben, auch wenn bei einer Fahrt sein Bruder verschwand und die Fachleute keinen Zweifel daran haben, dass er ihn aufgegessen hat.* Woher haben Sie ihre Kenntnisse?"

„Ich kann dabei auf mein umfangreiches Allgemeinwissen zurückgreifen. Und Paul Breitner ist mein großes Idol, seit er 1980 für die DDR die Vierschanzentournee gewann."

„Ich breche meinen Urlaub ab, ich habe genug davon, dass Sie unter der Rubrik ‚Wasserball' schreiben: *Ob es regnet oder nicht, spielt beim jährlichen Wasserball in der Kongresshalle keine Rolle, wenn sich die wichtigsten Vertreter der deutschen Presse treffen. Hauptsache, es wird wie immer das Tanzbein geschwungen.* Oder Ihre Einlassungen zum Eishockey, wonach der Puck still liegen bleibt, wenn man ihm Musik vorspielt. Das ist zwar zutreffend, aber völlig überflüssig, Pucks bleiben *immer* still liegen, wenn sie nicht geschlagen werden. Ihre Bemerkung, wonach die Zukunft des Schach in Esperanto liegt, muss diese Zeitung ruinieren, auch wenn die aktuelle Ausgabe eine verkaufte Rekordauflage hat. Ich muss meinen Urlaub verschieben, ich kann es nicht ertragen, dass Sie nochmal Hockey unter der Rubrik ‚Malerei' behandeln! Sie sind entlassen! Wieso haben Sie mir nicht gesagt, dass Sie von Sport keinerlei Ahnung haben?"

Nun war meine Geduld zu Ende: „Ich arbeite seit zwanzig Jahren im Zeitungsgewerbe, und Sie wollen mir erzählen, dass ein Redakteur irgendwelche Kenntnisse besitzen muss? Wer verfasst denn die Theaterkritiken? Hoffnungslose Trinker, Obdachlose und Müllfahrer. Wer rezensiert denn Bücher? Leute wie ich, die noch nie eines geschrieben haben. Wer schreibt denn für Sportzeitungen? Autoren, die in sämtlichen anderen Bereichen gescheitert sind und für die eine Sportzeitung der letzte Ausweg vor der Arbeitslosigkeit ist. Sie wissen doch genau, dass man ein um so höheres Gehalt bekommt, je weniger Ahnung man hat. Ich wäre längst berühmt, wenn ich nur unwissend statt gebildet, wenn ich unverschämt statt bescheiden gewesen wäre!"

Ich schwieg einen Augenblick, doch fügte dann noch hinzu:

„Ich kündige! Ich hätte alle Bevölkerungsschichten für Ihre Zeitung interessieren können. Noch eine Woche, und ich hätte die verkaufte Auflage verdoppelt. Ich hätte der Sportzeitung die besten Leser beschafft, die eine solche Zeitung überhaupt haben kann. Niemand von Ihnen hätte Fußball von Marathon unterscheiden können. Aber Sie wollen es anders und weiter in ihrem eigenen Fett schmoren. Auf Wiedersehen, Sie Flachzange."

So schritt ich davon, als Sieger.

SEIN SCHÖNSTER TAG

Vielleicht war sein sechzigster Geburtstag der schönste Tag in seinem Leben. Manfred war Musiker, dieses war ein gutes Jahr, eine Bahncard 100 hatte er, für dreitausendfünfhundert Euro konnte er so viel Bahn fahren, wie er wollte. Ob sich das im nächsten Jahr noch einmal rechnen würde, war unklar.

Die Fußballfreunde wussten nichts, das war ihm ganz recht, er spielte jeden Samstagmorgen mit ihnen, aber er wollte sich nicht von ihnen feiern lassen. Er war nicht mehr so schnell, doch konnte er für sein Alter und trotz seines Bäuchleins sehr erfreulich mit den jungen Leuten mithalten. Heute waren sie etwas wenig, sie spielten in Unterzahl drei gegen vier. Eigentlich gab er eine schwache Kür ab, aber Spaß machte es doch. Und ihm war der Triumph vergönnt, fast von der Mittellinie ihr Siegestor im letzten Spiel zu schießen.

Danach duschte er und ging zur traditionellen Demo der Arbeitslosen, für ein bedingungsloses Grundeinkommen, gegen calvinistische Arbeitsethik und gegen den Zwang zur Lohnarbeit.

Seit fünf Jahren gab es diese Demos, anfangs waren sie zu wenig gewesen, um überhaupt auf der Straße marschieren zu können, mit Disco-Rollstuhl waren sie über die Bürgersteige gelaufen. Heute waren es so viele wie noch nie, vielleicht einhundert, vielleicht zweihundert, meist junge Leute, aber auch ältere. Sie hatten Roboter gebastelt und Transparente, manche waren in Bademänteln gekommen, und es gab einen Lautsprecherwagen. Einige waren für eine auf Marihuana basierende Arbeitsethik, keine dumme Idee, manche tranken Sternburg, mit schöner Musik ging es los.

Seinen ersten Redebeitrag hatte er, als der Demonstrationszug von der Kastanienallee in die Schönhauser Allee abbog. Er zitierte Mark Twain und rief:

„Der Zwang zur Lohnarbeit nützt dem Teufel und Callcentern, zwingt eigentlich nette Leute, zu einem dieser Arschlöcher zu werden, die uns fast täglich belästigen. Versicherungsvertreter, Fingernagelstudios, Fabriken hier und auf der ganzen Welt, in denen sinnlose Produkte, wie zum Beispiel Autos, hergestellt werden, müssen endlich geschlossen werden, kucken wir uns um, es gibt doch, weiß Gott, längst genug Autos!" Es gab Beifall.

Dann las er noch etwas von Jesus Christus vor: *„Sammelt nicht Schätze auf der Erde, wo Motte und Rost sie zerstören und wo Diebe stehlen; sammelt euch aber Schätze im Himmel, wo weder Motte noch Rost zerstören und wo Diebe nicht stehlen; denn wo dein Schatz ist, da wird auch dein Herz sein. Niemand kann zwei Herren dienen; denn entweder wird er den einen hassen und den anderen lieben, oder er wird einem anhängen und den anderen verachten. Ihr könnt nicht Gott dienen und dem Mammon."*

Vielleicht hätte er noch sagen müssen, dass Gott die Liebe war? Aber nein, das wusste doch jeder! Zum Abschluss zitierte er Bugs Bunny mit den tröstlichen Worten:

„Wer eine schöne Stunde verschenkt, weil er an Ärger von gestern denkt, oder an Sorgen von morgen, der tut mir leid. Mein Name ist Hase, ich weiß Bescheid!"

An den Schönhauser-Allee-Arcaden hatte Jürgen Witte seinen großen Moment, als er seine Rede an die „Freunde des Feierabends“ hielt, dann ging es zurück zum Senefelderplatz, die Sonne schien, und als sie an der Eliaskirche vorbeikamen, zitierte Manfred noch mal aus der Bergpredigt und sagte, wie er es fühlte, dass dies die schönste Demonstration seines Lebens war.

Er fuhr mit der Bahn nach Angermünde, sein Sohn Max holte ihn am Bahnhof ab, inzwischen war der zwei Köpfe größer als er, machte aber den Eindruck, als sei er ausgewachsen.

In Lunow trafen bald die Geburtstagsgäste ein, und es gab Sauerampfersuppe mit Eiern und Caipirinhas von Andreas, und als es abends frischer wurde, bereitete Kristjane ihren heißen Holunderwein.

Jubel und Musik drang vom Lunower Feuerwehrfest herüber:

„Los, wir gehen noch zum Feuerwehrfest!“, sagte Manfred, allen schien es eine wunderbare Idee, und sie brachen auf. Auf dem Weg durchs nächtliche Dorf sangen sie den Kanon:

„Schwein, du bist tot und liegst auf dem Tisch,
Schwein, du bist tot, jetzt essen wir dich!“

Teresa war von dem Text nicht begeistert, sie aß kein Schwein. Beim Feuerwehrfest „100 Jahre Lunower Feuerwehr“ kamen sie gerade noch pünktlich an, um die feuerspuckende Stripperin zu erleben. Den männlichen Stripper hatten sie leider verpasst. Die Frau spuckte Feuer und jonglierte mit ihren Fackeln, sie war in glänzendes Latex gekleidet. Sie hatte sich Manfred ausgekuckt, der in der ersten Reihe saß. Er musste sich auf einen Stuhl in die

Mitte der Tanzfläche setzen. Sie war inzwischen nackt und sprühte sich Titten und Bauch mit Schlagsahne ein und ließ sich das Genussmittel abwechselnd von verschiedenen Feuerwehrleuten und Manfred ablecken.

Manfred fand, dass ihre Titten auf sehr unerotische Art künstlich aussahen, sie standen unnatürlich nach vorn und sahen aus, als wären sie aus Hartplast. Sie fühlten sich zwar etwas weicher an, trotzdem kam es ihm vor, als ob er Kunststoff anfasste und auf Silikon leckte.

Es folgte noch eine unverständliche Rede des Bürgermeisters. Am Anfang glaubte Manfred an eine kabarettistische Einlage, aber es war wohl ernst gemeint. Eigentlich war nur „100 Jahre Lunower Feuerwehr“ zu verstehen, und „Das verdanken wir …“, der Name war schon wieder unverständlich, und zum Schluss „Bis in hundert Jahren!“.

Manfred tanzte mit Jule, der glatzköpfigen, ziemlich angepunkten Geigerin, mit Teresa und Kristjane, leider konnte er noch immer keinen einzigen Standardtanz, es musste halt so gehen, und ging auch.

Manfred war nicht richtig besoffen, aber ordentlich angeheitert. Es war ungefähr um zwei, als sie alle zurückgingen, nochmal den Kanon singend:

„Schwein, du bist tot, und liegst auf dem Tisch,
Schwein, du bist tot, jetzt essen wir dich,
Schwein, du bist tot, und wir singen noch mal!“

Es war der schönste Tag seines Lebens, morgen würde er auf seine Weltreise gehen, Kasachstan, Georgien, das Leben lag vor ihm wie eine schattige Allee ins Paradies.

KETTENFETT

Im Sonic Ballroom in Köln Ehrenfeld trinkt man Kettenfett. Als ich das erste Mal eintrat, dachte ich, raus hier, das hab' ich nicht verdient, das hier hat NIEMAND verdient! Das Inferno von Dresden, nur mit Hunden statt Feuer, die Luft war außerdem mit fliegenden Bierflaschen und Punkfrauen gesättigt, und als ich mit meinen Händen die Bar berührte, klebten sie fest.

Mir wurde Kettenfett eingeflößt, wohl in Wodka aufgelöste Lakritze, schwarz und süß. Neben mir stand eine Frau mit einer Scherbe in der Stirn, einer mit Rastalocken, in denen Vögel brüteten, und dann die einbeinige Treuhandmanagerin – hatte ich die nicht mal vor Jahren in einem Schrank am Alex gevögelt? Eine Frau ohrfeigte mich:

„Das ist für Hitler!", schrie sie, sofort begannen alle möglichen Leute, es ihr nachzutun, durch die festgeklebten Hände konnte ich mich nicht wehren:

„Das ist für Hussein!", ein Schlag in die Magengrube; „Hier, der ist für Helmut Kohl!"; „Mao Tse-tung!", das war ein Glas Bier über den Kopf ausgegossen; und noch eine Ohrfeige, „Für Ulrike Meinhof!". Ich wäre zu Boden gegangen, wenn meine festgeklebten Hände es nicht verhindert hätten.

Eine Punkband begann zu spielen und lenkte die Aufmerksamkeit gnädigerweise von mir ab, ein Regen aus Abfällen aller Art ging auf die Musikanten nieder.

„Festgeklebt?“, schrie mir jemand ins Ohr, riss meinen Kopf an den Haaren zurück und schüttete noch mehr Kettenfett hinein.

Die Punkband goss einen Eimer Wasser über einer Gruppe Jugendlicher aus, die ihre Instrumente begatteten. Und ausgerechnet jetzt betrat eine mittlere Gruppe blinder Nonnen das Lokal.

„Batmans Freunde sind auch meine Freunde!“, sagte der Mann hinter der Theke und schenkte Kettenfett an die Ordensfrauen aus.

Jemand kam mit einer Bohrmaschine und wollte mir ein Loch ins Knie bohren, ich schrie, oder vielmehr quiekte wie ein Schwein, dann war ich frei.

„Angstschweiß“, sagte der Bohrlustige, „nichts löst festgeklebte Hände besser als Angstschweiß!“

Dann hatte ich Sex, ziemlich viel Sex, die meiste Zeit hatte ich die Augen zu, hauptsächlich aus Angst, was ich sehen würde, wenn ich sah, was da auf mir lag. Entweder war es ein jaulender Hund, der lichterloh brannte, oder etwas sehr viel Schlimmeres, was ich auf keinen Fall sehen wollte, weil klar war, dass es auf der ganzen Welt nicht genug Kettenfett gab, um es jemals wieder zu vergessen.

Ich kannte den Ort nicht, wo ich aufwachte, noch ließ sich das Geschlecht auch nur von einem der knapp zehn Wesen enträtseln, die um mich herum auf dem versifften Teppich lagen. Wahrscheinlich ganz normale Transvestiten, aber solche ohne Haare. Als ich aufstand, drehte sich das Zimmer und ich fiel hin.

Auf der Straße hatte ich ein komisches Gefühl im Mund. In einer Schaufensterscheibe steckte ich mir die Zunge heraus, und sie war pechschwarz. Es dauerte Tage, bis ich sie mit einer Drahtbürste wenigstens vom gröbsten Belag aus Kettenfett befreit hatte.

Ich freue mich, wenn ich eines Tages in Köln Ehrenfeld das nächste Mal in den Sonic Ballroom gehen werde, den besten Musikclub der Welt.

DIE WARTBURGGANG UND DIE SCHWALBEN

Eine richtige Kindheit hatte ich nicht. Mein Vater war meistens im Gefängnis, und meine Mutter schoss mit Luftpistole und angespitzten Diabolos auf die Nachbarn. Die ganzen Gangs wollten mich haben, die Wartburggang und die Schwalben. Für die Wartburggang sollte ich als Mutprobe einen Wolga stehlen. Es gab noch die Fidschigang, die Algerier und die Ungarn. Die Gangs und Banden waren nicht wirklich verfeindet, aber es ging um Reviere.

Wir hatten im Kindergarten begonnen, Kittifix zu schnüffeln, Kittifix war unser Trost und unsere Rettung. Mit glasigen Augen saßen wir dann da und konnten die Politagitation der Kindergärtnerinnen besser ertragen, diesen ganzen Unsinn, dass die im Westen uns umbringen wollten, besonders auf Kindergartenkinder hätten sie es abgesehen und sie würden unsere abgeschlagenen Köpfe auf Zaunlatten spießen.

In der Schule hatte ich einen schweren Stand, meine Mutter hatte dem Direktor ein Auge ausgeschossen, und so war der auf mich nicht sehr gut zu sprechen. Auch dass ich Flugblätter illegal kopierte mit der Schlagzeile „FICKT HONECKER!" und in der Schule verteilte, kam bei ihm nicht gut an. Dem Geografielehrer hatte mein Vater in einer nächtlichen Messerstecherei die rechte Hand abgeschlagen, und auch der ließ seine Frustration an mir aus, wenn der Phantomschmerz es ihm erlaubte. Zum Glück war er Linkshänder.

Die Entscheidung, ob ich bei der Wartburggang oder den Schwalben mitmachen sollte, war nicht einfach. Die Wartburggang hatte zwei alte und einen neuen Wartburg, mit denen sie die Gegend unsicher machte. Sie hatte auch schon zwei Polizisten erledigt.

Sie nahm mich mit an den See bei Ahnsdorf, Mohnsuppe mit Rotwein wurde in einem riesigen Kessel gekocht und alle möglichen Tabletten mit reingeschmissen, die alle bei jeder Gelegenheit klauten. Ich hatte einen faustgroßen Klumpen Opium bei, mein Vater hatte das Zeug gehortet.

Wir spritzten es uns und wankten dann wie die Zombies durch Ludwigsfelde, brachen in die Sparkasse ein und in Keller, klauten den Lada des Bürgermeisters und fuhren ihn in den Pechpfuhl, um danach Wodka zu trinken, bis wir einschliefen, wo wir gerade waren.

Was wir für einen Kater hatten am nächsten Tag! In der Apotheke sagte ich, als ich riesige Mengen Kopfschmerztabletten kaufte, ich sei von einer Fußballmannschaft und wir müssten die Mannschaftsapotheke wieder auffüllen. Vielleicht wurden sie misstrauisch, als ich fast jeden Morgen kam, aber nicht misstrauisch genug, um zu verhindern, dass ich jede Menge Ampullen mitgehen ließ, die spritzten wir uns am Nachmittag.

Am nächsten Tag ging es weiter, noch mehr Schnaps in rauen Mengen. Ich war noch nicht aufgenommen, aber kam jedenfalls für sie infrage. Aus dem Wehrunterricht hatten wir einige Maschinengewehre und eine Panzerfaust. Nachts um drei wurde AC/DC *Highway to Hell* eingelegt, wir fuhren mit den Wartburgs in die LPG und richteten in den Schweineställen mit den Maschinengewehren ein Massaker an. Als das Polizeiauto kam, schossen wir mit der Panzerfaust, und das Ding samt zwei weiterer Polizisten explodierte. In Ahnsdorf spricht man bis heute von dieser Nacht.

Es war eine muntere Truppe, und wir hatten viel Sex. Als ich an einem Morgen zitternd auf der Suche nach Schnaps das Haus meiner Oma durchsuchte, lagen da meine ganzen Onkel, sie hatten Georgs Frau Helga mit schwarzer Farbe angemalt. Ihre Treffen gingen immer so aus.

Die Brüder meines Vaters waren im bewaffneten Widerstand, allesamt Untergrundkämpfer. Sie hatten in Algerien den Hubschrauber mit der halben SED-Führung abgeschossen, auf Honecker hatten sie schon etliche Attentate verübt, aber die „saarländische Quietschratte", wie sie ihn nannten, war ihnen jedes Mal entwischt.

Immer wenn sie sich trafen, schmiedeten sie Pläne, möglichst viele Parteichefs auf einmal umzubringen, aber das war in der DDR gar nicht so einfach. Sie tranken Bier und Korn dazu, irgendwann waren sie immer so besoffen, dass sie laut Russenlieder singend zur Polizeistation zogen und sie mit Flaschen und Steinen bewarfen.

Da tauchten dann auch die Schwalben auf, die andere wichtige Truppe von Ludwigsfelde. Sie fuhren nicht nur Schwalben, sondern auch die Ludwigsfelder Roller: Pitty, Wiesel, Berlin und Troll. Auf den Straßen waren sie nicht so schnell wie die Wartburgs, aber dafür konnten sie auch durch die Wälder.

Demnächst würde auch Honecker nach Ludwigsfelde kommen, meine Onkel hockten emsig zusammen und tüftelten, die Autobahnbrücke sollte explodieren, wenn Honecker darunter durchfuhr. Die Schwalben sollten helfen, von der Wartburggang hielten meine Onkel nichts.

So musste ich quasi aus familiären Gründen zu den Schwalben. Es war auch wegen meines Vaters, ich hatte ihn zu rächen. Ich fuhr auf meinem Pitty, und tatsächlich schaffte ich es, mit den Schwalben die Polizei und Armee abzulenken, die Brücke explodierte im richtigen Moment. Wir mischten uns unter die Schaulustigen, da lag Honecker in seinem Blut, Unterleib zerfetzt, und tot. Doch es war ein Doppelgänger! Meine Onkel waren außer sich vor Wut. Das war jetzt der achte Doppelgänger von Honecker, den sie umgebracht hatten.

Dann kam die Wende.

Viel geändert hat sich aber nicht. Die Schwalben sind ruhiger geworden. Es waren dann noch Helmut Kohl, Manfred Stolpe und Prinz Charles, die Ludwigsfelde besuchten. Meine Onkel waren wieder eifrig am Ausbaldowern, aber sie erwischten wie zuvor nur die Doppelgänger.

Mein Vater kam 1993 kurz aus dem Knast, machte eine riesige Szene wegen des verschwundenen Opiums und fuhr schnell wieder ein. Meine Mutter hat sich aufs Fischen mittels Handgranaten verlegt. Meine Onkel haben Kontakt zur RAF aufgenommen – von der RAF lernen, heißt, siegen lernen, glauben sie. Auch mit der Al-Qaida sind sie in Korrespondenz, ich bin nicht sicher, ob da was draus wird.

Es gab noch zwei, drei Amokläufe und eine schöne nächtliche Tankstellenexplosion, aber sonst ist die Luft bei allen raus. Außer bei mir, ich lebe mein wildes Leben weiter.

MEIN ERSTER GROSSER ERFOLG

Meinen ersten größeren Erfolg als Schriftsteller hatte ich, als ich ungefähr neun Jahre alt war. Unsere Deutschlehrerin hieß Matthe, mit Doppel-T und H, sie war über sechzig, aber bestand darauf, Fräulein genannt zu werden: Fräulein Matthe, nicht Frau.

Das Thema des Aufsatzes war „Wie ich einen Kaktus umtopfe". Ich hatte schon einige kleine Triumphe erreicht, besonders eine autobiografische Mäusegeschichte hatte ziemlich gerockt. Darin hatte ich beschrieben, wie ich in Rangsdorf zwischen See und unserem Grundstück eine Maus gefangen hatte, sie einige Tage in einer Holzkiste hielt und sie dann entkam.

Ich war zufrieden mit dem Aufsatz über das Umtopfen eines Kaktus, aber dass ausgerechnet dieser Text mein erster größerer Publikumserfolg werden würde, das war mir nicht klar, auch in dem Augenblick noch nicht, als Fräulein Matthe vor der Klasse sagte, sie hätte gar nicht gewusst, dass ich kein Fleisch äße, also lieber Gemüse verspeise, es gäbe da auch einen Fachbegriff, aber das Wort Vegetarier fiel ihr nicht ein, sie meinte also jemanden, der sich pflanzlich ernährt.

Ich wusste nicht so richtig, worauf sie hinauswollte. Sie begann, meinen Aufsatz vorzulesen. Zum Glück ist es nicht allzu schwierig, einen Kaktus umzutopfen. Kakteen waren die einzigen Pflanzen, die bei mir eine, wenn auch geringe Überlebenschance hatten. Besonders weil man sie nicht gießen muss, außer natürlich beim Umtopfen. Das ist das Geheimnis der Kakteenumtopfung, man muss den Kaktus zum Schluss gießen. Warum genau, war mir nicht klar, ich vermute, dass es was mit den Wurzeln zu tun hat.

Ich lese wohl viel alte Bücher, fragte Fräulein Matthe, das merke man an meiner Orthografie, sie hatte es an meiner veralteten Schreibweise der S-Laute erkannt. Tatsächlich war ich von den vielen Schmökern, die ich mir reinzog, sprachlich ziemlich deformiert und schrieb Wörter wie thatsächlich mit th und benutzte so manches Doppel-S, wo ein ß richtig gewesen wäre.

Aber Fräulein Matthe strebte, nachdem sie die S-Laute und ihre richtige Schreibweise erklärt hatte, einem anderen Höhepunkt zu, der mein ganzes weiteres Leben prägen sollte. Wer einmal Applaus aus brüllendem Gelächter erlebt hat, wird ihn immer wieder haben wollen.

Die großen Clowns dieser Welt und auch die kleinen, die Comedians, selbst Humoristen und Kabarettisten sind diesem Übel verfallen, und so mancher Schriftsteller. Ob das Lachen von den Göttern kommt oder aus der Hölle, ist dabei gar nicht von entscheidender Bedeutung. Epileptische Babys lachen schon bei der Geburt, man lacht, wenn man gekitzelt wird, man lacht, obwohl man es gar nicht will.

In dem Fall war es ein Schreibfehler, harmlos, nichts weiter, als dass ich statt eines O versehentlich ein E geschrieben hatte. Wie wichtig das Gießen beim Umtopfen eines Kaktus ist, habe ich schon angedeutet. Ich hatte mir diese Tätigkeit als Schlussstein meines Aufsatzes aufgehoben, um ein kleines Meisterwerk zu perfektionieren. Der Satz bekam durch das letzte Wort mit einem E, wo ein O hätte stehen müssen, einen gewaltigen Effekt. Diese Wirkung versuche ich seitdem zu wiederholen, bislang mit bescheidenem Erfolg. Wohl nie wieder werde ich mit einem Buchstaben so viel erreichen.

Der Satz sollte lauten „Zum Schluss wird der Kaktus gegossen", aber geschrieben hatte ich: „Zum Schluss wird der Kaktus gegessen."

UNTER GEIERN IN ANDERNACH

„Sie sahen sich als zwei verwundete Löwen!“, sagt der Franzose. Wir sind im Rheintor von Andernach, er hat sehr schöne Augen, sodass ich mich die ganze Zeit frage, ob sie geschminkt sind. Ansonsten ist er nicht übermäßig attraktiv, übergewichtig und glatzköpfig, und das mit den verwundeten Löwen passt so gar nicht zum Thema, und er ist auch noch nicht dran. Endlich wieder ein Beckett-Symposium, der übliche wilde Haufen, aber irgendetwas stimmt heute nicht. Der Franzose lallt etwas, sein Vortrag wird gleich beginnen.

Ich öffnete die Augen, und da sah ich sie wieder über mir fliegen, ich zählte sechs dieser freien, schönen Geschöpfe, weise waren sie und lebten im Einklang mit der Natur. Ich war nicht wirklich erfrischt vom Schlafen. Wo immer ich war, Deutschland war das hier nicht. Schon von den Temperaturen her, es waren hier deutlich über fünfzig Grad im Schatten. Mein Vater hätte gesagt: „Zwingt dich ja keiner, in den Schatten zu gehen.“ Aber hier war kein Schatten, nur vertrocknetes Gras, so hart wie Drahtbürstenborsten und winzige Sträucher, nicht einmal fußhoch. Die ersten Tage hatte ich es noch lustig gefunden mit den Geiern über mir und gedacht, dass ich durch sie schneller gefunden würde.

Inzwischen erhoffte ich mir von ihnen ganz andere Hilfe. Leider waren diese Hitze und der Wassermangel nicht sonderlich anregend fürs Gedächtnis. Aber die wichtigsten Sachen waren mir noch präsent: Das Ganze war eine Schnapsidee gewesen, wieso musste ich mit einem Geländewagen abseits der Straßen durch die Wüste gurken, wo es kein Handynetz gab, kein Wasser und keine Hilfe bei einer Panne?

Also weiter! Doch als ich aufstehen wollte, bemerkte ich, dass es einfach keinen Sinn mehr hatte. Ich war inzwischen zu schwach. Ohne Essen kann der Mensch lange durchhalten, aber ohne Trinken? Seit zwei Tagen folgte ich meinen eigenen Autospuren, jetzt musste ich meinen Plan umsetzen.

Ich würde mich tot stellen und die Geier so anlocken, einen von ihnen bei seinem kahlen Hals greifen, ihn killen und das Blut trinken. Nicht lecker, aber in der Not frisst der Teufel Fliegen, und ich trinke Geierblut, auch wenn es lauwarm ist. Es war inzwischen sowieso das Vernünftigste, mich nicht zu bewegen und jede Energie zu sparen. Schatten gab's keinen. Also tot stellen. Ich schloss die Augen. Leider waren sie nicht dumm. Sie warteten seelenruhig im Aufwind, sie hatten Zeit. Sie waren ziemlich schlau, leider.

Ich bin im Andernacher Rheintor, der lallende Franzose beginnt zu sprechen, und ich habe keine Ahnung, worüber. Ich versuche, ihm zuzuhören, aber es geht nicht, ich kann einfach nicht verstehen, wovon er spricht. Vielleicht geht es ihm nur um das Geräusch, das er dabei erzeugt? Er droht an, noch über viel mehr zu sprechen, über viele Details, wenn er die Zeit dazu habe. Wir sitzen als seine Geiseln, unterbrechen wird ihn niemand. Ich bin froh über eine Zeitschrift, in die ich gegen die Langeweile schauen kann.

Sie waren so nahe! Einer hat mir sogar ins Auge gepickt, und ich bin aufgesprungen, und die Scheißgeier sind alle weggeflogen. Nun kreisen sie wieder über mir. Vielleicht sollte ich in eine Höhle gehen? Aber hier ist keine verdammte Höhle. Außerdem bin ich zu schwach. Also noch mal still liegen, bis sie denken, ich bin tot, dann greife ich mir einen und drehe ihm den nackten Hals um und trinke sein Blut. Das wird mir Kraft geben zum Weitergehen.

Im Rheintor atmen alle möglichst geräuschvoll aus, aber der Franzose ignoriert mit eisernem Willen alle Zeichen. Nun hat mir Benno auch noch das Heft weggenommen, und ich habe nichts mehr zu lesen. Jetzt will der Franzose auch noch alle Autoren vorstellen, die er kennt, würg!

Sie sind schon gelandet, das habe ich gehört, *the eagles has landed.* Oder *the eagles have landed*? Oder *leeches*? Nee, *vultures, the vultures have landed.* Also würde ich mal vermuten, ich bin hier in den USA oder in Mexiko, Nevada oder im Llano Estacado. The Valley of Death, das Tal des Todes. Aber ich kucke mich nicht um, so nahe wie jetzt waren sie noch nie. Die Augen lasse ich noch zu, die Viecher sind ja nicht doof. Ich höre, wie sie näherkommen. Ganz ruhig bleiben! Wenn ich jetzt zucke, sind sie gleich weg. Da tappst einer direkt neben meinem Kopf, ich höre den Sand unter seinen Krallen knirschen. Jetzt!

FUCK! SCHEISSE! Das Vieh hat mir ein Auge ausgehackt! Fast hätte ich den verdammten Geier gehabt, ich hatte seinen Flügel in der Hand, aber jetzt ist er weg, und die anderen auch. Verdammt, TUT DAS WEH! Das Blut rinnt mir durch die Finger. Das Tröstliche daran ist, dass da wohl auch kein Augenarzt mehr was machen könnte. Sonst würde ich mich jetzt totärgern, dass ich nicht schnell in die Klinik komme. Aber so ist es egal.

Wenn das hier wirklich Amiland ist, dann hätte mir auch eine Klinik um die Ecke nichts genützt. Wenn du in eine amerikanische Notaufnahme kommst, nützt alles nichts, selbst wenn du deine Gedärme zwei Meter hinter dir herschleifst, wahrscheinlich sogar, wenn man seinen Kopf unter dem Arm trüge, man muss sich erst mal hinsetzen und warten, mindestens vier Stunden. Da hängen dann überall Fernseher, und auf denen laufen in höchster Lautstärke ganz unerträgliche Krawallsendungen. Dieses Fernsehen hat das ganze Land so hoffnungslos verblödet, dass man gar nichts mehr machen kann.

Ein schönes Souvenir bringe ich da nach Hause mit: ein raußes Auge. Von wo eigentlich? Lüneburger Heide ist das hier definitiv nicht. Wo gibt es überhaupt Geier? In Brandenburg bestimmt nicht. Aber in der Flensburger Förde. Bin ich hier in der Flensburger Förde? Nee, das ist nicht Deutschland. Nicht mein geliebtes Deutschland von früher. Bei den Weibern habe ich jetzt mit einem Auge wohl auch keine Chance mehr, außer im Blindenheim. Schön, und angenehm, wenn der Schmerz nachlässt. Wenn es nicht mehr sticht, sondern nur noch brennt, das laute Jammern hilft auch.

Jetzt raucht der Franzose auch noch, das macht es nicht besser. Wir sollten zum Ende kommen, findet der Dolmetscher. Der Franzose findet das nicht, er redet weiter. Über irgendwas anderes will er noch sprechen, aber not yet. *Ogottogott, das heißt doch* noch nicht*! Er hat noch sehr viele Details aus seinem abenteuerlichen Herausgeberleben in petto. Zum Glück muss er pissen. Erleichterung im Saal.*

Erst denke ich, lauter Journalisten säßen um mich herum. Dann spüre ich einen altbekannten Schmerz:

„AAAAAAH! SCHEISSE! SCHON WIEDER!!!" Diese Scheißvögel haben mir jetzt auch noch das andere Auge ausgehackt! Wieder tanze ich herum und hör' die Viecher wegflattern. Meinen Urlaub habe ich mir, ehrlich gesagt, ganz anders vorgestellt.

Jedenfalls kann ich jetzt das amerikanische Fernsehen etwas gelassener sehen. Haha, sehen! Wobei das hier nicht Amerika ist, da würden doch ständig Geländewagen durch die Wüste fahren und Flugzeuge am Himmel fliegen, da hätten sie längst schon meinen Leihwagen geortet und mich gefunden.

Mit den Weibern wird es jetzt einfacher, ein Freund von mir ist blind, und der lässt sich immer von den schärfsten Bräuten über die Straße helfen, weiß gar nicht, wie der die immer erkennt, vielleicht am Geruch? Er lässt sich von ihnen nach Hause bringen, sich was aus der Zeitung vorlesen, dann sollen sie sich beschreiben, und er überprüft ihre Beschreibung mit Händen und Fingern, und dann ficken sie.

Diese Methode kann ich jetzt auch anwenden. Und ich kann jetzt Träumen und Wachsein gut unterscheiden: Wenn ich wach bin, sehe ich nichts. Also immer, wenn ich Geier sehe, schlafe ich. Leider habe ich nur Albträume, in denen Geier mich zerfetzen. Wenn ich sie nicht sehe: wach.

Übrigens sehe ich wach durchaus eine Menge. Kleine grünliche Punkte auf einer dunkelroten Fläche, schwarze Blitze, rote Spinnen, die fette, milchweiße Babys fressen. Eigentlich sind Geier doch wunderbare, kräftige und nützliche Tiere. Wobei ich Hühner immer mehr gemocht habe, Chicken Döner. Trotz ihrer schwachen Nerven.

Hühner haben so schwache Nerven, dass sie alle an Herzinfarkt sterben, wenn ein Iltis bei ihnen eindringt.

Jetzt sitze ich wieder im Rheintor in Andernach, sehr unangenehm, hoffentlich wache ich schnell wieder auf. „Es hört niemand mehr zu", versucht der Dolmetscher im Rheintor, uns alle zu erlösen. Aber nein, das glaubt er nicht, das kann doch auch gar nicht sein. Der Franzose redet einfach weiter.

AUA! AAAAH! Dieser Schmerz! Alles weg, es ist nicht dunkel, sondern hellrot, und sie hacken an meinem Hals herum. Wenn ich mich mit meinen Händen schützen will, hacken sie auch darauf herum.

Immer hacken alle auf mir rum! Scheißgeier! Und jetzt könnte doch wirklich langsam Hilfe kommen, das muss man doch von sehr weit sehen, wie hier diese verdammten Scheißgeier auf mir rumhacken. Federvieh!

Ah, wieder im Rheintor, NEIN, lieber die Geier! Aber es geht nicht mehr, ich kann nicht mehr aufwachen! Ich bin verdammt, verdammt, VERDAMMT!

FEAR AND LOATHING IN SOFIA

Ich wusste nicht viel über Georgi, eigentlich nur, dass er Dramatiker und Fernsehmann aus Sofia war und mein Jahrgang, 1969. Wir waren, obwohl wir uns noch nie in unserem Leben begegnet waren, durch ein Stipendium miteinander verbunden, das den schönen Namen „Co-Piloten" hatte. Ich würde meinen Aufenthalt in Sofia bezahlt bekommen, und er später seinen in Berlin, wir würden uns jeweils unsere Stadt zeigen können, das klang nach Spaß.

Die Herkunft des Geldes für das Stipendium war etwas dubios, es war von Kannibalismus in der Eisenbahn die Rede, von einigen Fällen Termitenentführung, Schleichwerbung auf Marsraketen, schließlich sogar noch von Geldverleih, teilweise sogar mit Zinsen. Manche erwähnten auch Immobiliengeschäfte und Spekulationen. Aber viele Kollegen hatten schon von der Möglichkeit profitiert, in einer Stadt im Ostblock einige Wochen Ruhe vor Frauen, vor der Familie und vor den Strafbehörden zu finden.

Nun saß ich also im Flugzeug, blätterte in einem Reiseführer und las mit Erschrecken, dass in Bulgarien, als einzigem Land der Europäischen Gemeinschaft, auf Homosexualität noch immer die Todesstrafe stand, die von ausschließlich männlichen Henkern auf besonders abartige Weise vollstreckt wurde. Eigentlich hätte mich das nicht beunruhigen müssen, war ich doch seit mindestens fünf Jahren geheilt, und nach allem, was ich gehört hatte, würde mir besonders in Bulgarien kein Rückfall drohen.

Allerdings hatte ich wegen einer Recherche fürs DeutschlandRadio Kultur eine größere Menge Schwulenpornos dabei. Ich las, was einzuführen streng verboten war, und außer allem, was den Verdacht der Homosexualität erregen könnte, wozu in Bulgarien auch Seife gehörte, waren noch Drogen erwähnt. Mir wurde unbehaglich, hatte ich doch aus genau denselben Recherchegründen ein Kilo Marihuana dabei. Ich war mir sicher gewesen, dass niemand auf die Idee kommen würde, dass jemand versuchen könnte, in ein Land wie Bulgarien Marihuana *hinein*zuschmuggeln.

So war ich schweißgebadet, aber doch sehr erleichtert, als ich mit meinem Rucksack voller Marihuana und Schwulenpornos heil durch die Kontrollen kam und in die Flughafenhalle trat. Georgi stand da, etwas überrascht wirkte er, als ich ihm erzählte, dass ich noch keine Rubel eingetauscht hatte:

„Rubel? Warum Rubel?"

„Habt ihr denn hier schon Euro?"

„Nein, hier haben wir seit der Gründung Bulgariens Lewa."

„Dann ist es ja ganz gut, dass ich mir noch keine Rubel eingetauscht habe." Er fragte mich, ob ich Lust hätte, mit zum Synchronschwimmen zu kommen, das müsse er sich für das bulgarische Fernsehen ankucken. Da ich großes Interesse hatte, von der bulgarischen Kultur möglichst viel mitzubekommen, sagte ich gern zu.

Wir mussten direkt los, ich sollte meine Sachen einfach mitnehmen, die würden nicht stören. Wir fuhren mit einem Taxi an den Rand von Sofia zu einer Seilbahnstation.

„Fahren wir da jetzt hoch?", fragte ich.

„Ja, die Schwimmhalle ist auf dem Gipfel." Wir saßen in der eiskalten Kabine, es ging höher und höher, und bald schwebten wir über verschneiten Wäldern.

„Warum ist die Schwimmhalle hier oben?", wollte ich wissen, doch da klingelte sein Handy. Er redete auf Bulgarisch, wovon ich so gut wie nichts verstand, eine halbe Stunde, immer aufgebrachter, zum Schluss schrie er in das Funktelefon, warf es auf den Kabinenboden und zertrampelte es.

„Kleine Programmänderung!", erklärte er mir, „wir müssen zur Polizeiaffenfütterung. Aber das ist ganz in der Nähe." Wir waren auf dem Gipfel angekommen und stapften eine halbe Stunde durch den Schneesturm, schließlich tauchten die Konturen eines wenig Vertrauen erweckenden Gebäudes auf, und wir traten ein.

Ich kann sagen, dass ich weder an diesem ersten Tag in Bulgarien noch an irgendeinem anderen in den folgenden zwei Monaten jemals Langeweile verspürt hätte. Mir war nicht bekannt, dass die bulgarischen Polizeiaffen eine große, bisher verheimlichte Rolle bei den libyschen Vorwürfen gegen die Aids-Krankenschwestern und bei ihrer wunderbaren Befreiung gespielt hatten. Auch war mir nicht bekannt, wie ideal sich gerade dressierte Affen zum Aufspüren von verbotenen Drogen und Pornos eignen. Nur durch Georgis blitzschnelle Reaktion wurde ich vor ziemlich gewaltigen Schwierigkeiten bewahrt.

Georgi war in fast jeder meiner bulgarischen Minuten für eine Überraschung gut. So rief er gleich am nächsten

Morgen, viertel vor drei, an, ob ich Lust hätte, ein Gespräch mit dem letzten Henker des Vatikans zu führen. Wir fuhren mit der Straßenbahn in einen Vorort, und hätte ich nicht von Georgi um den exotischen Beruf unseres Gesprächspartners gewusst, hätte ich ihn nach Kleidung und Wohnungseinrichtung für einen Sportlehrer gehalten.

An dem Tag ging es auch noch darum, die Topmitglieder der Mafia zu interviewen, Georgi zerstreute meine Befürchtungen:

„Keine Angst, die erschießen nur ihre eigenen Leute, also welche von ihnen, die sie verraten, keine Journalisten …"

„Aber ich bin doch auch gar kein richtiger Journalist." Georgi wies aus dem Fenster:

„Da haben sie den Verteidigungsminister erschossen …" An der nächsten Haltestelle wies er auf die gegenüberliegende Straßenseite:

„Da wurde der Finanzminister abgestochen, vor zwei Wochen, er konnte sich noch fast bis ins Zentrum schleppen, bevor er verblutete. Wie eine Sau!" Den weiteren Weg wiederholte er es oft und eindrücklich: „Wie eine abgestochene Sau!" Es war abends, als er mir im Zentrum die weiteren Sehenswürdigkeiten vorführte:

„In der Disco oben haben sie letzte Woche den Postminister erschlagen, einfach so, mit einem Feuerlöscher." So führte er mich in Sitten und Lebensart des sympathischen Balkanvolkes ein, das durch die Erfahrungen seiner Geschichte immer bereit ist, zu improvisieren, und lange Planungen nicht liebt.

Er feiere Geburtstag mit Freunden, ob ich mitkommen wolle? Natürlich wollte ich. Aber die Straßenbahn streikte, erfuhr ich von ihm durch einen Anruf, als ich am vereinbarten Treffpunkt auf ihn wartete, ob wir uns nicht im Keller der Kirche treffen wollten? Ich stimmte zu.

Ich stimmte noch oft zu und verbrachte viele Stunden an Orten, die ich sonst nie hätte kennenlernen können. Dort hatte ich jeweils viel Zeit und Muße zum Schreiben, und das ist für einen Autor ja immer sehr willkommen. Aber warum ich nun hier und nicht in einem Café oder einer Bar zu warten hatte, erschloss sich mir nicht. Doch wo immer ich wartete, mit Sicherheit bekam ich bald einen Anruf von Georgi:

Wie es ihm gehe? Nicht so gut, ein Flugzeugunglück, er habe ein Bein verloren. Als ich ihn eine halbe Stunde später im Militärkrankenhaus traf, hatte er nur eine Beule auf der Stirn, seine Beine wirkten ganz normal.

„Was ist mit deinem Bein?"

„Schon besser, aber willst du nicht eine Lesung in Sofia machen?"

„Warum nicht?!"

„Okay, ich organisiere das alles." Nach vielen Erlebnissen, jede Stunde war schön, war der Tag meiner Lesung herangekommen, Georgi weckte mich halb vier morgens, eine Zeit, zu der ich die Gespräche mit ihm am intensivsten empfand, weil er dann gelassen und gleichzeitig konzentriert wirkte. Er müsse dringend zum Augenarzt, ein Auge würde entfernt werden.

„Um Gottes willen, Georgi ...!" Nein, das sei nicht schlimm, die bulgarische Kunst der Glasaugenbemalung sei international sehr unterschätzt, ob mir überhaupt schon aufgefallen sei, dass fast alle Bulgaren Glasaugen trügen? Das hätten sie schon in der Antike erfunden,

Glas sei ein geradezu ideales Material für künstliche Augen, viel besser als Porzellan, denn durch Glas könne man hindurchkucken.

„Wir können ein Schwein schlachten!", fügte er hinzu.

„Ein Schwein schlachten?"

„Ja, dann sagst du, du hättest das Rezept für die Sülze von deiner Oma. Nein, besser noch, dass deine Oma das Rezept von Goethe hat."

„Georgi, ich verstehe den Zusammenhang gerade nicht."

„Für die Lesung, wir müssen den Leuten hier etwas bieten, und wenn Deutsche Schweine schlachten, dann gibt das immer was her." Wie wir es schafften, innerhalb von wenigen Stunden ein Schwein zu besorgen, die Schlachtung auf der Bühne des Roten Hauses vorzubereiten, wie alles furchtbar schiefging, weil ich zwar die Hauptschlagader traf, aber nicht wusste, wie lange Schweine dann noch herumlaufen können, wie alle durch Korn getröstet dann vergnügt an ihren Schweineteilen knabberten, herrliche Erinnerungen!

Die zwei Monate Bulgarien vergingen wie im Fluge, so als hätte ich zwischen den vielen Abenteuern niemals eine Pause gehabt. Erholung und Ruhe zum Arbeiten, die ich mir insgeheim erhofft hatte, waren mir nur in den vielen Stunden Wartezeit an meist kühlen und zugigen Orten vergönnt. Die Wahrheit war, dass ich nicht einmal schaffte, meinen Rucksack auszupacken.

Etwas erschöpft checkte ich mein Gepäck zum Rückflug ein, zu spät erinnerte ich mich an das Marihuana und die Schwulenpornos und die abartigste Vollstreckung der Todesstrafe seit dem Pfählen. „Bulgarien, meine Liebe!“, dachte ich, als ich die Herde Polizeiaffen auf mich zukommen sah, und wo war Georgi? Jetzt, wo ich ihn am nötigsten brauchte?

VOM GLÜCK

Janette war etwas faul, zu dick und wirkte an allem desinteressiert, aber zum Glück war sie ein liebes Mädel und half ihrer Mutter im Haushalt. Ihre Leistungen waren allgemein mäßig, außer in Sport, da war sie die Schlechteste, aber zum Glück bekam sie bald ein Attest, das sie vom Sportunterricht befreite. Ihre Leistungen verbesserten sich im Lauf der Jahre nicht grundlegend, sie schaffte nur die 8. Klasse, aber zum Glück bekam sie Arbeit in der Landwirtschaft.

Sie war schnell erschöpft und mit ihrer Arbeit in der Hühnerfabrik nicht richtig zufrieden, den ganzen Tag von früh bis spät musste sie Hühnern den Hals durchschneiden, und das war nicht gerade das Gelbe vom Ei, aber zum Glück wurde sie schwanger und von der Arbeit befreit, bekam einen Sohn namens Patrick und kam in den Mutterschutz.

Das mit dem Sohn war ziemlich anstrengend, aber zum Glück half ihre Mutter, und bald konnte sie wieder zur Arbeit. Dort war es auch nicht besser geworden, eher war sie inzwischen noch schneller müde, da wurde zum Glück ein Herzfehler bei ihr festgestellt und sie bekam einen Schonplatz am Fließband der Hühnerschlachterei.

Sie hatte einen Autounfall, betrunken hatte sie das Gaspedal gedrückt, als sie bremsen wollte, zum Glück konnte sie das Steuer herumreißen, der Gruppe Kindergartenkinder ausweichen, und raste in eine Schafherde.

Sonst hätte sie wohl ihren eigenen Sohn getötet. Zum Glück kannte sie der Schäfer, und der leistete Erste Hilfe, sonst hätte sie nicht überlebt.

Ihr ging es nicht gut, Großhirn, Kleinhirn und Hirnstamm waren unwiederbringlich hin, zum Glück war sie nicht in Lebensgefahr, solange sie künstlich beatmet wurde. So hätte sie noch ewig darben müssen, aber zum Glück hatte sie ihren Herzfehler, der ihrem schrecklichen Zustand ein Ende setzte. Nun wäre Patrick ganz allein gewesen, aber zum Glück kümmerte sich Janettes Mutter um ihn.

Patrick hatte es schwer, mit seiner Oma vertrug er sich nicht gut, er ging wie seine Mutter nach der 8. Klasse von der Schule ab, zum Glück fand er eine Freundin.

Patrick richtete ihre gemeinsame Wohnung gemütlich ein und sägte dazu mit einer Kreissäge auf dem Hof Bretter, er bemerkte ein Brennen an der linken Hand und musste feststellen, dass er sich vier Finger abgesägt hatte. Die hätten wohl auch wieder rangenäht werden können, wenn sich nicht zwei der Hund geschnappt hätte und Patrick die anderen beiden auf dem Weg zum Krankenhaus, er fuhr mit dem Fahrrad, im Mund aufbewahrt hätte. Dort waren so viele Keime, dass es ein grober ärztlicher Kunstfehler gewesen wäre, die beiden Finger noch anzunähen. Zum Glück war es die linke Hand, und Patrick Rechtshänder.

Patrick und seine Freundin hatten kein Geld, seine Zukunftsaussichten waren trübe, und ihre auch, zum Glück wurde sie schwanger und schenkte einem Jungen das Leben.

Als die Eltern das Neugeborene ansahen, erblickten sie eine grässliche Gesichtsdeformation, zum Glück war sonst alles gesund, und das Gesicht konnte operiert werden und sah seitdem völlig normal aus.

Leider lernte ihr Sohn nicht sprechen, und Patrick stritt sich oft mit seiner Freundin, zum Glück wurde er durch eine Beule an seinem Kopf von seinem Kummer abgelenkt. Ein Tumor wurde diagnostiziert, und Patrick bekam es mit der Angst zu tun, dass er operiert werden müsste. Zum Glück war der Tumor nicht mehr zu operieren.

Der Tumor wuchs und wuchs und wuchs und drückte bald gar fürchterlich. Zum Glück arbeitete der Chefarzt an einem Buch über genau diese Art von Tumoren, und für ihn war Patrick ein besonders interessanter Fall. So kam Patrick die neueste ärztliche Kunst zugute, wie zum Beispiel Chemotherapien und Bestrahlungen und schließlich doch noch verschiedene Operationen. Oft fragte Patrick, ob er nicht Schmerzmittel bekommen könnte gegen die schlimmste Pein. „Zum Glück brauchen wir das nicht!", sagte der Chefarzt, „Sie sind jetzt schon der Patient mit der höchsten Überlebenszeit bei dieser Krankheit, und bei intensiver Behandlung können wir noch viele Jahre so weitermachen. Sie sind jetzt schon unsterblich in meinem neuen Buch."

Die Beziehung zu seiner Freundin zerbrach, da Patrick oft übellaunig war. Zum Glück hatte er noch seine Oma. Patrick war schließlich zu schwach, um noch viel nach Schmerzmitteln zu fragen. Auch hatte der Palliativmediziner keine Zeit, sodass Patrick vor Schmerzen die ganze Nacht brüllte, zum Glück wurde er immer schwächer, sodass er gegen Morgen deutlich leiser schrie. Außerdem war zum Glück der behinderte Sohn schon tot, sonst hätte Patrick sich große Sorgen gemacht.

Die Oma, die ihn besuchen wollte, schickte der Pförtner in die falsche Klinik, dort beschimpfte man sie, und sie wäre fast schon wieder nach Hause gegangen. Zum Glück bemerkte sie ein Krankenpfleger, der Patrick kannte und sie in die richtige Klinik schickte. Endlich fand sie das Zimmer ihres Enkels, aber das Bett war leer. Zum Glück wusste die Oberschwester, wo das Sterbezimmer war. Die Oma eilte in höchster Sorge dorthin, zum Glück war die Leiche noch darin, sodass sie sich von ihrem Enkel verabschieden konnte.

Die Trauer bei ihr war groß, erst die Tochter und den Urenkel und nun auch noch den Enkel unter die Erde bringen zu müssen, zum Glück war das Grab neben Patrick und Janette noch frei, in das sie selber bald gesenkt wurde.

Denn wäre sie nicht gestorben, dann hätte sie das Ende der Menschheit miterleben müssen, das folgte. Zum Glück blieb dank des vielen von den Menschen hinterlassenen Kohlendioxids noch viel Leben auf der Erde. Jedoch nach fünfhunderttausend Jahren ging leider auch das zur Neige, weil die heller und wärmer werdende Sonne begann, die Meere in den Weltraum zu verdampfen, sodass alle Pflanzen und Tiere starben.

Zum Glück existierte die Sonne, und somit das Sonnensystem, noch über vier Milliarden Jahre weiter. In ihrem Kern fusionierte Wasserstoff zu Helium, und sie wurde zu einem tollpatschigen Roten Riesen, größer als die Kreisbahn des Merkur, den sie vernichtete, während sie die Atmosphäre von Venus und Erde verbrannte. Zum Glück blieben die Planeten selber noch erhalten, nicht auszudenken, was sonst geschehen wäre.

Schließlich war der nukleare Energievorrat der Sonne versiegt, und sie konnte ihre äußere Hülle abstoßen, sodass nur der heiße Kern zurückblieb. Die Temperatur war so hoch, dass sie ganz weiß war, zum Glück verringerte sich die Leuchtkraft wegen der kleinen Oberfläche, weshalb man sie liebevoll Weißer Zwerg nannte.

Zuletzt begann unsere Sonne zusammenzustürzen, und der Kohlenstoff explodierte, zum Glück wurde so die Entstehung eines Neutronensterns verhindert. Unsere Sonne zerbarst vollständig, ohne einen Reststern zu hinterlassen, zum Glück, denn endlich hatten alle ihre wohlverdiente Ruhe.

DIE MUTTER DER WEISHEIT

Wir waren allein mit Opi, mein Vater war die meiste Zeit seines Berufslebens auf Reisen. Vati war ein begnadeter Conférencier, einer der besten seiner Zeit, man nannte ihn respektvoll „den wandelnden Herrenwitz“. Meine Mutter hatte sich in einer Agglomeration trauriger Stimmungen schon vor vielen Jahren aus dem Leben verabschiedet. Mit meinen zwei Brüdern, Vati und Opi war es eine reine Männerwirtschaft. Es war Zeit für die abendliche Leibwäsche.

„Welche Fee ist die reinlichste?“, fragte Opi.

„Die Zahnfee?“, fragte ich zurück. Er schüttelte den Kopf.

„Die Seifé!“ Er war ein einsamer, unerreichter Meister der Scherzfragen, sogar ein Buch hatte er 1927 dazu veröffentlicht. Aber über viele seiner brillanten Witze war die Zeit hinweggegangen:

„Wer heißt Kohn und ist doch kein Jude?“

„Kohn?“

„Lexikon! Was wird ein Neger, wenn er ins Rote Meer fällt?“

„Man sagt jetzt nicht mehr *Neger*, das ist taktlos.“

„Falsch!“, sagte Opi. „Nass, wenn er ins Rote Meer fällt, wird er nass. Woran erkennt man bei den Türken, dass sie eine schlechte Wirtschaft haben?“ Wir hatten das noch nie so deutlich gehört, dass die Türken eine schlechte Wirtschaft hätten.

„Am Bruttosozialprodukt?“, fragte Dominik.

„Nein, man erkennt es daran, dass sie stets in Fezen gehen."

„In was?", fragten wir zurück.

„In Fezen! Diese roten Zylinder! Kennt ihr keinen Fez?" Beim Fasching hatten wir mal einen Mann damit gesehen, doch ein Türke war der nicht gewesen. Später erfuhr ich, dass die Türken schon seit 1925 nicht mehr in Fezen gingen, weil sie ihnen durch das Hutgesetz verboten waren.

„Guten Morgen!", rief er, wir rieben uns die Augen und streckten uns.

„Durch ein Loch kommt man hinein, durch drei wieder heraus. Wenn man draußen ist, ist man erst richtig drin. Was ist das?" Es war unfair, unsere verschlafenen Hirne mit einer solchen Frage zu martern.

„Ein T-Shirt!", antwortete er selbst. Wir frühstückten.

„Was ist ein Tesch?", fragte Opi, wir wussten es nicht.

„Ein Tesch ist ein Druckfehler! Soll Tisch heißen. Was ist ein Lawe?"

„Auch ein Druckfehler?"

„Richtig, soll Löwe heißen. Aber was ist Krawapulice?" Wir gaben auf.

„Das ist ganz falsch gedruckt, das Wort heißt Konstantinopel."

„Was ist denn Konstantinopel?"

„Na, die Hauptstadt des Osmanischen Reiches!" Wir schauten ihn fragend an. Wütend stand er auf und ging aus dem Zimmer. Er versuchte es dann später noch einige Male mit Istanbul, aber auch damit konnte er die Herzen der jüngeren Generation nicht mehr gewinnen. Es war ein Kampf gegen die neue Zeit, den er eigentlich verlieren musste, aber er gab nicht auf. Es war Frühling, wir gingen durch den Stadtwald spazieren.

„Seid vorsichtig!", rief er, „Der Frühling ist die gefährlichste Jahreszeit. Da schießt der Spargel und die Bäume schlagen aus. In welcher Stadt kommt der Lenz als Letztes?"

„In München?", rieten wir.

„In Koblenz. Welche Vögel können nicht hören?", fragte er. Das war einfach:

„Die Tauben."

„Gut, aber welcher Dichter ist der Lieblingsdichter der Hühner?"

„Wilhelm Busch?", fragte ich, wegen der grausamen Bestrafung der Hühnermörder Max und Moritz.

„Körner!", antwortete er.

„Körner?", fragten wir verständnislos.

„Sagt bloß, ihr kennt nicht den Dichter der Freiheitskriege?

Die Wunde brennt, die bleichen Lippen beben,
Ich fühl's an meines Herzens mattem Schlage,
Ich stehe an den Marken meiner Tage!"

Er begann zu singen „Frisch auf, ihr Jäger, frei und flink" und „Lützows wilde verwegene Jagd".

„Wonach schießt der Jäger?", fragte er, als wir uns zum Rückweg wendeten.

„Auf Hasen?"

„Nach Hirschen?", rieten wir durcheinander.

„Nein, der Jäger schießt nach dem Laden."

„Wie, nach dem Laden? Nach Osama Bin Laden?"

„Ach Kinder, wisst ihr was? Wer ist eigentlich dümmer, Schaf oder Schäfer?" Er wartete einen Augenblick, ob wir es wüssten, und klärte uns dann auf:

„Der Schäfer, weil er gesteigert ist." Zu Hause musste für die Schule gelernt werden, besonders in Geografie bekamen wir von Opi wertvolle Lektionen:

„Welcher Fluss ist größer, Saale oder Unstrut? Die Oder!" In Heimatkunde waren wir durch ihn besonders bewandert:

„Aus welchem Grunde kommen so viele vogtländische Weber zur Leipziger Messe?"

„Weil's die größte sächsische Messe ist?"

„Nein, aus dem Plauen'schen Grunde!" Wir lernten noch von ihm, dass die höchsten Paten die Karpaten sind und welches das kürzeste Land ist: Uhland.

„Welche Leute sitzen weder kalt noch warm? Die Lausitzer!" Manche seiner Scherze waren nach dem Mauerbau geografisch schwierig zu verstehen:

„Wo hat Hannover die Bildung her? Von Stendal, denn auf dem Bahnhof Stendal kann man's lesen: Stendal – Lehrte – Hannover. Wie kommt man vom Regen in die Traufe? Wenn man von Regensburg nach Nassau fährt." Für Mathematik hämmerte er uns die Malfolgen ein:

„Jetzt gebe ich euch mal eine Sachaufgabe: In einer Mühle sind vier Ecken. In jeder Ecke liegen vier Säcke. Auf jedem Sack liegen vier Katzen. Jede Katze hat vier Junge, und der Müller steht auch noch drin. Wie viele Füße sind in der Mühle?" Wir rechneten fieberhaft. 4 mal 4 mal 4 mal 4 mal 4 + 2. Oder nochmal 4?

„258?", „1.026?"

„Zwei!", sagte er, und unsere Verblüffung war groß. „Die Katzen haben Pfoten, keine Füße!" Dagegen konnte man nichts sagen, er hatte uns wieder einmal erwischt, der alte Fuchs.

Auch Geometrie lernten wir bei ihm:

„Was ist ein Punkt?"

„Der kleinste Körper?"

„Nein, ein Punkt ist ein rechter Winkel, dem beide Schenkel ausgerissen sind."

Vati war zurück zum Abendessen.

„Wieso hat Krause keine Haare mehr?", fragte Opi.

„Tschernobyl? Haarausfall?", fragten wir.

„Weil Neger Krauses Haar haben!"

„Wieso haben Neger Krauses Haar? Wieso überhaupt *Neger*, wenn du Schwarze oder Afrikaner meinst."

„Okay, also dann, weil Afrikaner Krauses Haar haben!"

„Haben sie Krauses Perücke?"

„Nein, sie haben von Natur her krauses Haar!" Es dämmerte uns nur sehr langsam. Später wandelte er den Witz noch in eine nicht jugendfreie Version um:

„Wo haben Frauen krauses Haar?"

„In Afrika, du Schwein!", sagte mein Vater. Wir wurden Opi nicht ebenbürtig, aber wir konnten ihn manchmal verblüffen und ein anerkennendes Hmmmm! entlocken. So fragte ich:

„Was ist der Vorname des Rehs?"

„Kartoffelpü!", riefen meine Brüder im Chor, Opi schmunzelte. Auch als er nicht wusste, wie man einen Helmtiger fängt und wir es ihm erklärten, war er angetan davon, dass seine Saat auch in der dritten Generation Früchte zu tragen begann.

Ich wusste von ihm, wie man Brom gewinnt, man braucht Brombeeren, die bringt man zum Nordpol, dort legt man sie aufs Eis, sie verbinden sich damit zu Eisbären und das Brom wird frei.

Noch wichtiger aber für meinen Wohlstand war das Geheimnis der Goldherstellung. Dazu braucht man Goldlack, schmiert ihn in eine Dielenritze, wo er sich zu Lackritze verbindet und das Gold frei wird. Ich lernte viel fürs Leben, meiner zukünftigen Frau kam ich zum Beispiel beim Tanzen näher, ich fragte sie:

„Was ist der Unterschied zwischen einem Schlachthof und diesem Saal?"

„Der Fußboden?", riet sie.

„Nein, auf dem Schlachthof beben die Schweine, hier schweben die Beine." Auch alles, was ich von der Bibel weiß, verdanke ich ihm. Der Mann im Wal hieß Jonas, weil jemand sagte, als er wieder ausgespuckt war: „Der ist jo nass!" Oder Opis theologische Lektion:

„Welche Universität wird den Theologen in der Bibel empfohlen? Erlangen, denn es heißt: ‚Suchet das Reich Gottes zu erlangen!'"

Es war ein allmähliches Schwächerwerden, er war Mitte achtzig, irgendwann konnte er nicht mehr laufen. Oft war er im Krankenhaus, als wir ihn besuchten, fragte er uns:

„In welchen Tälern sterben die meisten Leute?"

„In den Gletscherspalten?"

„Nein, in den Hospitälern." Er lag nur noch, kam aber wieder nach Hause und wurde immer dünner, geradezu transparent. Noch einmal schleppte er sich an seinem sechsundachtzigsten Geburtstag an den Mittagstisch.

„Welcher Tritt tut nicht weh?", fragte er Vati.

„Ach, Vater!", sagte der, „Der Auftritt natürlich." Es war fast sein letzter:

„Ein Freund von mir, Germanist aus England, war mal zu Besuch, wir fuhren von Köln zusammen auf einem

Rheindampfer, und er fiel ins Wasser. Fiel er in *den* Rhein oder in *dem* Rhein?"

„In *den* Rhein?"

„Nein, er fiel in *dem* Rhein, weil's Da-tiv ist." Wir waren von diesem Gedankengang und seiner grammatikalischen Finesse verblüfft, er mochte körperlich verfallen, aber sein Scherzfragengehirn arbeitete makellos. Er setzte seine Erzählung fort:

„Nun fuhren wir auch noch in Dresden auf einem Elbdampfer, und er fiel wieder rein. Fiel er in *die* Elbe oder in *der* Elbe?" Nun war die Elbe, soweit wir wussten, eher flach.

„Er fiel in *die* Elbe, weil's da flach ist?", wagte ich zu raten.

„Nein, er fiel in *der* Elbe, weil es der zweite Fall war." Ein anerkennendes Murmeln erfüllte das Wohnzimmer. Aber Opi war immer noch nicht fertig:

„Schließlich flog er nach London, fiel wieder über Bord. Fiel er in *die* Ostsee oder in *der* Ostsee?"

„Fiel er in die Themse?"

„Nein!" Wir überlegten, was der dritte Fall nochmal bedeutete, mein Vater riet:

„Er fiel in *der* Ostsee?"

„Nein, er fiel in die *Nordsee*." Wir klatschten und ließen ihn hochleben. Er kündigte an, bald zu sterben, aß überhaupt nicht mehr und schlief fast den ganzen Tag. Wir waren nach Hause gekommen, er wachte noch einmal auf, sah uns mit strahlenden Augen an und flüsterte:

„Vorsicht ist die Mutter der Weisheit. Aber wie heißt die Tochter?" Lange rätselten wir, aber kamen nicht drauf. Er lächelte unirdisch und sagte sein letztes Wort:

„Weisheit!"

ANDENKEN AN DIE JÄGERKLAUSE

Seht ihr meine komische Kopfform? Die auffällige Beule ist mein Andenken an den letzten Abend in der Jägerklause. Ich habe sie mir bei einem Kampf mit einem jungen Mann vor den Toiletten eingehandelt, aber der andere hat genauso eine Beule abbekommen. Wenn ich draufdrücke, also, auf meine Beule. Wo der junge Mann inzwischen ist, weiß ich nicht, und er würde es sich wahrscheinlich verbitten, dass ich auf seine Beule drück', also, wenn ich auf meine Beule drücke, dann tut es immer noch weh.

„Na, dann drück halt nicht!", würde meine Freundin sagen, wenn ich eine hätte. Aber ich habe keine, und so kann ich drücken, so viel ich will. Es ist ja so viel schöner als Single. Wenn ich will, kann ich von morgens bis abends auf meine Beule drücken.

Die Jägerklause, genau drei Jahre waren wir dort, es waren glückliche Jahre. Trotz unseres biblischen Alters, wir sind ja fast die älteste Lesebühne der Menschheit, schafften wir es jeden Sonntag in die Kneipe, und zum Glück auch unsere Zuschauer.

Welcher war der schönste Abend? Das ist so wenig zu beantworten wie die Frage nach der schönsten Frau der Welt oder dem schönsten Mann. Es waren viele Abende, an denen eigentlich alles stimmte: die Musik und die Freunde, die Zuschauer und die Kollegen, die zuschauten, obwohl sie selber gar nicht engagiert waren, die fiebrigen Vorbereitungen, die überspringenden Funken und Explosionen von Heiterkeit bei der Show und die heiteren Gespräche danach, der Biergarten, die Stammgäste, die Vergangenheit und die Zukunft. Jetzt ist die Jägerklause mit ihren Geweihen, mit ihren Fahrrädern, Wildschweinfellen, mit ihrem Schrein für Lemmy von Motörhead, mit ihrer Tischtennisplatte und ihrer Gemütlichkeit nur noch Vergangenheit.

Die Zukunft für die Reformbühne beginnt in diesem Moment, oder vielleicht morgen, und sie ist ungewiss. Die Chance, dass zum Beispiel jemand von uns auf der Bühne stirbt, ist gar nicht so gering. Immerhin haben wir schon insgesamt knapp viertausend Stunden auf der Bühne verbracht, pro Nase, wohlgemerkt, das ist fast ein halbes Jahr. Und es braucht ja nicht mal ein halbes Jahr, um überraschend den Löffel abzugeben, manchmal geht das ganz fix. Zum Glück haben wir dank Dr. Jakob Hein immer einen Arzt auf der Bühne, und dank Bäumchen immer einen Geistlichen im Publikum, der jederzeit die letzte Ölung erteilen kann.

Kennt ihr die PECH-Regel? Bei bestimmten Verletzungen, zum Beispiel nach einem schweren Schlag auf den Kopf, kann man sich mit der PECH-Regel erinnern, was man sofort machen muss, Pause, Eis, Compression und noch irgendwas, dann wird es nicht so schlimm. Und das sollte man sich doch merken können nach einem schweren Schlag, dass der nicht Glück ist, sondern Pech. Aber ich habe in der Jägerklause weitergekämpft, sonst hätte der andere bestimmt nicht kurz nach mir auch eine Beule abbekommen.

Mein Vater war ein witziger Mann, und er war immer verletzt, aber selten schwer. Mal trug er eine Augenklappe, mal ein Gipsbein, mal hatte er Hämatome im Gesicht. Das kam nicht nur vom Trinken, sondern auch vom Handball. Komischerweise denken immer alle, wenn ich über meinen Vater schreibe, dass ich eigentlich über mich selber berichte. Dabei spiele ich Fußball und nicht Handball. Ich bin auch kein Lehrer und nicht übergewichtig und, last but not least, bin ich auch nicht 2014 gestorben, sondern lebe noch.

Wenn mein Vater etwas suchte, zum Beispiel seinen Schlüssel vor dem Verlassen der Wohnung, dann sagte er: „Keiner verlässt die DDR!“ Das war ziemlich lustig, denn die DDR konnte ja sowieso niemand verlassen. Margot Honecker war ja Bildungsministerin, und deshalb nannte er sie „Miss Bildung“, so, wie der einbeinige Wirtschaftsminister Günter Mittag natürlich „Miss Wirtschaft“ war. Er sagte „Tel Aviv“, wenn er „C'est la vie!“ meinte, und als eine seiner Schülerinnen im Unterricht klagte, sie könne sich nicht konzentrieren, da sagte er: „Früher wärst du dafür ins Konzentrationslager gekommen!“

Das war der eine Witz zu viel, oder der zur falschen Zeit am falschen Ort. Er flog von der Schule und konnte sich bei der Arbeit am Fließband im Autowerk überlegen, was er seinen Schülerinnen erzählen würde, wenn er jemals wieder welche haben sollte. Viele, die ihn nicht näher kannten, fanden ihn zwar komisch, aber nicht im Sinne von lustig, sondern im Sinne von merkwürdig.

Und als ich neulich mit einer Freundin sprach, die ich Jahrzehnte nicht mehr gesehen hatte, sagte sie:

„Ach, du hast noch immer diesen skurrilen Humor.“ Das ist der Grund, dass ich in der Reformbühne oder jetzt hier schriftlich auftrete, und nicht im Olympiastadion.

Was nun war das für ein Kampf in der Jägerklause? Er war sehr lustig. Es war nach der grandiosen Abschiedsshow ungefähr um zwei, es war immer noch sehr voll, denn es war die Nacht, von der alle wollten, dass sie niemals endet. Ich hatte schon öfter auf die Uhr gekuckt, aber warum sollte ich, wenn es doch so nett war, nicht noch bleiben mit Doc Schoko und Konrad Endler und Mandana und Bäumchen. Und als der junge Mann an unseren Tisch kam und fragte, ob jemand mit ihm Tischtennis spielen wollte, da war ich dabei, denn ich spiele gern Tischtennis und es konnte ja gut sein, dass die Reformbühne niemals wieder in einer Kneipe mit Tischtennisplatte auftreten würde.

Wir spielten vor den Toiletten, anstatt Netz hatte die Platte ein Brett, und als ich nach dem heruntergefallenen Ball griff, knallte ich volle Kanne mit der Omme gegen das in Brusthöhe angebrachte Brett zum Abstellen der Biere. Wie soll man auch ahnen, dass man nach der möglichst schnellen Bewegung beim Tischtennis hier den Ball sehr langsam aufheben sollte?

Die PECH-Regel, ich habe sie nicht beachtet. Als Erstes hätte ich eine Pause machen müssen, dann die Stelle mit Eis kühlen, dann Compression, also drücken, ja, und was war das H? Weiß es jemand? *Hochlegen*!

Wie legt man den Kopf hoch? Auf die Theke der Jägerklause? Sofort in ein Hochbett mit Keilkissen legen?

Ich brüllte stattdessen, die Schmerzen waren völlig unmenschlich, und es muss sehr lustig ausgesehen haben, denn mein Gegner konnte sich ein Lachen nicht verkneifen. Das ist der älteste Humor der Menschheit, jemand knallt volle Kanne mit dem Kopf gegen etwas, und das sieht sehr lustig aus.

Immerhin haben wir gewisse Instinkte, und laut „Scheiße!“ brüllend und „Mann, tut das weh!“, presste ich meine Hand gegen die Beule. Ungefähr fünf Ballwechsel lang bekam ich vor Schmerzen gar nichts mit. Aber ich gewann das Spiel, und wir wechselten die Seiten.

Und dann passierte es, der andere griff nach dem heruntergefallenen Ball und knallte genau an derselben Stelle mit dem Kopf gegen das Brett wie ich einige Minuten vorher und schrie „Scheiße!“ und „Mann, tut das weh!“ und presste seine Hand gegen die Stelle an seiner Stirn. Das war so lustig, ich musste lachen und gewann auch die zweite Partie.

Wenn wir uns diesen Humor bewahren, dann wird die Reformbühne weiter von Erfolg zu Erfolg eilen, bis zum letzten, endgültigen Schlag auf den Kopf.

SCHWARZE MATERIE

„Mein Arbeitsplatz, mein Kampfplatz für den Frieden!", so lautete eine der vielen Propagandalosungen in der DDR, denn die DDR war ein Friedensstaat. Das stand zwar in leichtem Widerspruch zum extremen Militarismus, aber egal, denn das war nur ein nicht antagonistischer Widerspruch. Friedensstaat DDR, eigentlich hätte nur noch gefehlt, dass auf den Toilettenbrillen aufgedruckt worden wäre:

„Mein Sitzplatz, mein Kampfplatz für den Frieden!"

Ich bin heute ein Kämpfer gegen den Frieden, und ich kämpfe nicht mit den Fäusten oder mit Worten, sondern mit einem Schwert. Das gab's neulich bei Lidl. Es ist aber kein gewöhnliches Schwert, wie auch der Frieden, gegen den ich kämpfe, kein gewöhnlicher Frieden ist.

Meine Einnahmen durch Touristen fürs ganze Jahr betragen genau null Euro und null Cent. Seitdem ich nichts mehr mit Touristen zu tun habe, sind mir die Berliner ans Herz gewachsen. Noch im letzten Jahr fand ich sie alle hässlich, grob, geizig und dumm. Doch in diesem Jahr sind sie charmant, großzügig, sexy und kultiviert. Das hätte ich schon lange haben können, wenn ich einfach die Berliner nicht mit anderen Menschen verglichen hätte. Jetzt bin ich schlauer.

Egal wie sehr ich es mir wünsche, die netten Berliner können nicht das tiefe Loch füllen, das durch die Pandemie und das Ausbleiben der Touristen in die Hauptstadt gerissen wurde.

Eigentlich hätte ich mein Leben gern nach Schema F weitergelebt: März bis Oktober Geld verdienen mit Stadtrundfahrten, hauptsächlich von Fahrradgruppen, bei meinem Geburtstag einen ordentlichen Teil des Geldes verprassen, November und Dezember Weihnachtsfreuden, Januar und Februar Südamerika, März Saloniki und dann wieder von vorn.

Ich will mich meinem größten Erfolg in der Coronazeit zuwenden, der mich noch viele Jahre beglücken wird. Dieser Erfolg bestand im Finden eines faustgroßen Klumpens Antimaterie, dem geheimnisvollen dunklen Material, aus dem mutmaßlich fünfundneunzig Prozent unseres Weltalls besteht.

Es begann vor ungefähr fünf Jahren, ich bekam neue Mitbewohner, etwas ungeschickte Gesellen der Gattung Psychoda grisescens. Jeder kennt sie, wenn auch nicht unter dem Namen, den ich bevorzuge: Schmetterlingsmücken. Sie stechen nicht, sie tun niemandem etwas zuleide, sie leben nur in meinem Bad, und ich fing mal zwei, mal vier, mal drei, selten fünf, jedes Mal, wenn ich ins Bad ging, und ich dachte mir: Da muss ich mal etwas gegen tun.

Die Schmetterlingsmücken waren eine narzisstische Kränkung. Gar nicht, weil sie etwas Schlimmes anstellten, sondern wegen ihrer Lieblingsorte, die in ihrer Bezeichnung *Abortfliege* hindurchschimmert.

Ich kenne diese Insekten aus meiner Kindheit, auf den Plumpsklos des Zeltplatzes Prerow waren sie, in den Duschen der verschiedenen Fußballplätze auf aller Welt konnte ich sie regelmäßig wiedersehen, in den Toiletten der Jägerklause fühlten sie sich zu Hause, und wahrscheinlich sind sie es auch in den Toiletten hier. Man kann sagen, sie sind überall. „Wir sind überall, auf der Erde."

Ich kaufte Insektengift und schüttete es in großen Mengen in alle Abflüsse, denn dort leben sie. Aber es nützte nichts, es wurden nicht weniger.

Dann begann das Wasser der Dusche immer schlechter abzulaufen. Ich versuchte es mit den verschiedensten aggressiven Chemikalien, kaufte Spiralen und stärkere Spiralen, aber nichts wirkte. Es war irgendwann völlig klar, dass die Schmetterlingsmücken genau in dem lebten, was den Abfluss verstopfte. Aber ich kam nicht ran. Denn über dem Abfluss war ein Deckel fest mit Silikon eingelassen, und verschiedene Versuche, die Fugen aufzuschneiden, waren gescheitert.

Immerhin konnte ich noch duschen, fünf Minuten danach war das Wasser wieder abgelaufen. Also zählte ich die Insekten, im Sommer waren es mehr als im Winter, ganz selten waren es mal sechs, meist waren es drei oder vier, und wären nicht Corona und der Lockdown gekommen, vielleicht würden die Kameraden mit den gefiederten Flügeln noch immer bei mir leben.

Es kam ganz anders, als ich pünktlich zum Lockdown zurückkam – ich hatte zwischendurch meine Wohnung vermietet –, fiel mir im Duschbecken eine weiße Schicht auf, die ich mir nicht erklären konnte. Aber ich dachte: Kalk!, kaufte Kalkentferner, und als ich ihn bekämpfen wollte, wurde mir klar, was der Grund dieser Schicht war. Das Wasser lief fast gar nicht mehr ab.

Es war also nicht Kalk, sondern der Dreck des Dreckwassers setzte sich ab, der überraschenderweise weiß wie die Unschuld war. So oder so war klar, dass nun etwas passieren musste.

Zu den positiven Auswirkungen des Lockdowns gehören die umfangreichen Erledigungen häuslicher Reparaturen, und so war es auch bei mir. Ich nahm mir noch mal ein Messer und schnitt noch mal in das Silikon ringsherum um den Abflussdeckel, und wieder rüttelte ich daran, und wieder tat sich nichts. Ich ging alle Möglichkeiten durch, aber auch ein Klempner mit tausend Jahren Berufserfahrung würde nichts anderes machen können. Es musste doch aufgehen! Ich klemmte das Messer unter eine Ecke des Abflussdeckels und hebelte daran herum, und dann tat sich überraschenderweise etwas, ich konnte eine Ecke anheben, und dann löste sich endlich das Metall von den Fliesen, und ich hatte den Abflussverschluss in der Hand.

Nun endlich konnte ich sehen, warum ich mit der Spirale niemals in den Abfluss kommen konnte, denn die Konstruktion verhinderte das. Das Abflussrohr war erhöht und nochmal abgedeckelt. Aber jetzt konnte ich den Deckel abheben, und da fand ich den Klumpen des Grauens.

Schwärzer als das schwärzeste Schwarz, das jemals ein Mensch wahrnehmen konnte. Manche finden Scheiße eklig, aber im Vergleich mit diesem Klumpen war Scheiße eine duftende Seife vom Herrgott selber. Neben seiner absoluten Schwärze zeichnete er sich durch seinen Inhalt aus, viele Haare all meiner Duschbesucher und von mir selber, die sich mit Seife, Dreck und unaussprechlichen Widerwärtigkeiten, die man nicht ohne Grund abwäscht, zu einer Masse zusammengeschlossen hatten, die im Reich der Insekten so viele Freunde hat wie Gegner bei den Menschen.

Hier hatten also viele Jahre die Larven meiner Schmetterlingsmücken eine glückliche Kindheit und frohe Jugend verlebt und würden sie noch immer verleben. Ich setzte die beiden Abflussdeckel wieder ein, und seitdem läuft meine Dusche 1 a ab und ich schätze, dass in ungefähr vier Lockdowns meine ganze Wohnung picobello ist.

Bis dahin werde ich irgendwie überleben, denn ich habe inzwischen ein Staubschwert. Es hat bei Lidl 1,99 Euro gekostet, und der Griff besteht aus Plast und die Klinge aus blauem Filz, für die Schneiden ist der Filz gefranst.

Eine Freundin sagte neulich, als ich über den vielen Staub in der Wohnung klagte: „Staub ist Frieden." Jetzt aber geht es dem Staub an den Kragen. Hier! Nimm das! Frieden!

Ich warf den schwarzen Klumpen weg und brachte den Mülleimer sofort hinunter. Ich wagte es nicht, ihn im Klo zu entsorgen. Denn die Berliner Kanalisation entleert sich wie ein Überlaufbecken bei Regen in die Spree. Und wenn dieser Klumpen in die Spree geraten wäre, es hätte bestimmt das endgültige Ende des Berliner Tourismus bedeutet. Oder, wenn er bis Norddeutschland getrieben wäre, das Ende Norddeutschlands.

HINKER UND PRINZEN

Wie war es so im April 2020? Ich las in dem Buch *So sollt ihr leben!* von Sebastian Kneipp. Ich trinke ja gerne Kaffee und amüsierte mich über Kneipps Verdammungen des schwarzen Heißgetränks:

„Es ist kaum zu schildern, wie das ganze Nervensystem vollständig durch ihn zerrüttet werden kann, und geradeso nachteilig wirkt er auf Gemüt und Geist, indem er Trübsinn, Kleinmütigkeit, Furcht, Angst, Erschrecken usw. verursacht. Besonders ist der Kaffee beim weiblichen Geschlechte einheimisch, und man kann ihn recht gut bei diesem den Menschenmörder heißen, in dem er Kraft, Gesundheit und zuweilen selbst das Leben verkümmert und abkürzt."

Am aberwitzigsten fand ich Kneipps Behauptung, in Kaffeeländern würden Gesundheitsbewusste keinen Kaffee trinken und das Sprichwort haben: „Kaffeetrinker – frühe Hinker."

Dagegen empfiehlt Kneipp Malz-, Gersten-, Weizen- und Roggenkaffee und ganz besonders den Eichelkaffee:

„Wie die Bohnen von der Kaffeestaude zur Herstellung des Kaffees verwendet werden, geradeso kann man von den Eicheln auch solchen bereiten. Diesen möchte ich wegen seiner Nahrhaftigkeit und Gesundheit sehr empfehlen; es ist nur schade, daß er nicht die wohlverdiente Gunst des Volkes hat." Pfui Teufel!

Dann las ich in der Zeitung, dass Prinz Philip neunundneunzigsten Geburtstag hatte, und er ist einer der wenigen Prinzen, die ich jemals in echt gesehen habe, und diese Erinnerung ist gleichzeitig die an meinen größten Erfolg als Stadtführer, und das kam so:

Damals war die Queen in Berlin, ich las es am Morgen in der Zeitung und auch, wie das Tagesprogramm des königlichen Paares aussehen sollte. So fuhr ich mit meiner Fahrradgruppe, die ich an diesem Tag durch Berlin führte, hinunter zur Spree am Haus der Kulturen der Welt, und wir konnten ziemlich nahe ran, und tatsächlich kamen sie in einem winzigen Bötchen angegondelt, und meine Kundschaft war angemessen beeindruckt.

Da saßen also die Königin von England, ihr immer übellaunig wirkender Gatte, der Bundespräsident und seine Konkubine beieinander. *Konkubine* ist natürlich in diesem Zusammenhang fies, es war die Lebensgefährtin des Präsidenten, der allerdings mit einer anderen Frau verheiratet war, und dann finde ich, dass *Konkubine* abenteuerlicher klingt, als *Lebensgefährtin* oder *Zweitfrau*.

Jedenfalls fand ich es toll, dass meine Kundschaft nun annehmen musste, dass eigentlich jeder meiner Arbeitstage so in der Art verliefe, also ich täglich den Gruppen Präsidenten, Königinnen, Kanzlerinnen und was weiß ich präsentierte.

Viele Jahre ist es her, heute feierte Prinz Philip also seinen neunundneunzigsten Geburtstag, und was hatte er nicht für ein Leben gelebt! 1921 auf Korfu auf einem Küchentisch geboren, sagte er später britischen Studenten in China:

„Wenn ihr hier länger bleibt, bekommt ihr Schlitzaugen." Was nicht sehr witzig klingt, aber es kommt ja bei Witzen immer auf den Zusammenhang an, und bestimmt war es in der Situation sehr witzig. Vielleicht hätte Prinz Philip einer der größten Witzeerzähler der Welt werden können, aber er sah seine Lebensaufgabe darin, Elisabeth II. behilflich zu sein. Einmal fragte er einen Bahnarbeiter über dessen Aussichten auf Beförderung, der antwortete:

„Ach, da müsste schon mein Boss sterben." Und Prinz Philipp sagte:

„Genau wie bei mir."

Mir gefällt am besten, dass er den von der späten Geburt begnadeten Helmut Kohl als „Herr Reichskanzler" angesprochen hat. Als er dem Präsidenten von Nigeria begegnete, hatte der seinen feinsten afrikanischen Anzug angezogen, und Philip sagte:

„Sie sehen aus, als wollten Sie gleich ins Bett gehen." Und da hat er aus europäischer Sicht wegen der hiesigen Schlafmode durchaus recht.

Im Dorf Yaohnanen auf der Insel Tanna im Südwestpazifik, die zu Vanuatu gehört, wird Philip als Gottheit verehrt. Der Sohn des Berggeistes habe einst ihre kleine Insel verlassen, um auf der anderen Seite des Meeres eine mächtige Frau zu heiraten.

Ob es wirklich empfehlenswert ist, so alt zu werden? Wäre er beizeiten in die ewigen Jagdgründe eingekehrt, hätte er nicht mehr erleben müssen, wie sein Enkel Harry sich samt seiner Familie vom Königshaus lossagt und wie sein Sohn beschuldigt wird, Sex mit einer Minderjährigen gehabt zu haben.

Was hat das mit der Kaffeeverdammung von Kneipp zu tun? Das will ich euch zum Schluss noch verraten: Überhaupt nichts!

MORD AUS QUARKSUCHT UND FLUCHT IM QUALLENTRANSPORTER – ODER: NOCH EINE ERINNERUNG AN DIE SCHÖNE CORONAZEIT

Mein Leben ist ewiger Urlaub, denn ich bin Touristenführer. Urlaub für immer, *vacaciones para siempre*, so habe ich allen in Südamerika erklärt, was ich denn so mache normalerweise. Ich bin bezahlter Urlauber.

Doch der Urlaub ist seit über zwei Monaten und einem Jahr schal geworden, weil alle ihn hatten und haben, und weil er nicht freiwillig war und ist. Der entscheidende Unterschied liegt darin, ob ich Urlaub mache oder ob ich beurlaubt werde.

Ich weiß nicht, was von Corona bleiben wird, letztlich bin ich zweckpessimistisch und fürchte, dass sich rein gar nichts zum Besseren wendet. Aber damals konnten wir noch hoffen, dass unsere Beziehungen und die Umwelt in der Zukunft nach der Seuche davon profitieren würden. Lockerungen über Lockerungen, Sonne, und die dunklen ökonomischen Konsequenzen würden so richtig erst in einigen Wochen bei mir ankommen.

Ich bin Spieler, wenn es Sucht ist, an jedem Tag zu spielen, dann bin ich spielsüchtig. Glücksspiele, Körperspiele, ich kann nicht genug davon bekommen. Auch in Coronazeiten spiele ich, sogar das Tippen und Vorlesen hier und jetzt in diesem Moment ist Spiel. Wäre es Ernst, würde ich es wohl nicht machen.

So habe ich in den vergangenen Jahren, genauso wie in den letzten Wochen, zu Spieleabenden eingeladen, und eine mir unerklärliche Gemeinsamkeit, die ich zu meinen Partys bemerke, ist, dass ich zwar immer jede Menge hässlicher Männer einlade, aber doch nur schöne Frauen erscheinen.

Warum? Ich weiß es nicht. In mir sträubt es sich, in Zukunft nur noch schöne Frauen einzuladen, in der Hoffnung, dass dann die hässlichen Männer erscheinen. Vielleicht würden hässliche Frauen kommen, wenn ich schöne Männer einlade? Die schönen Frauen jedenfalls wollen tanzen, und sie wollen spielen, und wenn die hässlichen Männer nicht erscheinen, ja, wenn überhaupt keine anderen Männer auftauchen, dann beiße ich gern in den süßen Apfel und tanze und spiele als Hahn im Korbe.

Das war schon in meiner Kindheit so, dass ich der einzige Junge im Chor und in der Singegruppe war, es ist bei den meisten Kaffee-und-Kuchen-Nachmittagen so, und ich finde daran überhaupt nichts schlimm.

So spiele ich also wieder nach köstlichem Essen mit schönen Frauen, es sind meine Tochter und meine Freundin. Glück beim Spiel und in der Liebe haben wir also zu dritt, und wir spielen *Mörder Opfer Mordmotiv.* Das ist genauso wie *Stadt Land Fluss*, bloß mit anderen Rubriken, nämlich: Täter, Opfer, Mordmotiv, Tatort, Tatwaffe, Fluchtfahrzeug, Todesursache. Der Buchstabe, mit denen die Wörter beginnen müssen, wird ausgelost, und wer als Erster fertig mit allen Einträgen ist, ruft „Stopp!“ und bekommt einige Punkte mehr für alle Spalten, in denen er als Einziger was eingetragen hat.

Als Erstes haben wir H als Anfangsbuchstaben, bei Täter und Opfer reichen im Allgemeinen beliebige Namen oder Berufe. Der Klassiker ist natürlich der Gärtner als Täter. Allerdings sollten wir fürs nächste Mal Extrapunkte für besonders schöne Wörter ausloben. Ein solches Wort ist das Mordopfer „Edelprostituierte", mit dem meine Liebste unsere Runde erfreut.

Doch zurück zum H, als Tatwaffe schreibe ich „Holz", als Fluchtfahrzeug den „Holzwagen", und als Todesursache schreibe ich „Hering".

„‚Hering' als Todesursache und ‚Holz' als Tatwaffe?" Ich erkläre, wie ein großer Hering, wie er beim Zelten verwendet wird, vom Mörder Heiner mit einem Holzblock in Hans' Rachen gehämmert wird.

Beim U schreibe ich als Tatwaffe U-Boot, und wieder wird gezweifelt. Ob das Opfer damit unter Wasser überfahren worden sei. Aber diese Diskussion ist für mich vielleicht ganz gut, denn dadurch wird meine Todesursache „Unwohlsein" nicht angezweifelt. Außerdem kommt meine Tochter mit der Tatwaffe „Unke" durch, indem sie vorführt, wie man mit einer Unke jemanden erschlägt.

Durch den Zeitdruck bekomme ich immer wieder Blackouts, bei D habe ich „Dämlichkeit" als Mordmotiv und „Dussligkeit" als Todesursache.

Dann kommt es zum Buchstaben Q, erfreulicherweise ist unsere Runde tolerant, so wird von niemandem bemängelt, dass ich als Opfer „Quarkkeule" aufschreibe. Wäre nachgefragt worden, hätte ich das Wort als Spitzname für Keule ausgegeben. Auch mein Mordmotiv „Quarksucht“ wird akzeptiert, und sogar mein Fluchtfahrzeug, der „Quallentransporter“. Und mit „Quallengift“ habe ich eine wunderbare Todesursache, auch wenn „Quallenvergiftung“ wohl korrekter gewesen wäre.

Schwierig wird es, meiner Tochter beizustehen, die als Fluchtfahrzeug „Qualle“ angegeben hat. Sie macht zwar pantomimisch gekonnt vor, wie man auf einer Qualle reitet, aber auch dann ist es noch kein überzeugendes Fahrzeug.

Bei P ist mein Hirn wieder etwas blockiert, Täter: „Punk“, Opfer: „Punkerin“, Motiv: „Punkmusik“, Tatort: „Punkkeller“. Erst mit der Tatwaffe löst sich der Knoten: „Pistole“, Fluchtfahrzeug „Panzer“, Todesursache „Pilzvergiftung“. Meine Tochter hat das „Pflugzeug“ als Fluchtfahrzeug gewählt.

Mit einer Todesursache brilliert sie außerdem, als es eine mit R sein muss – „Raufgehauen“.

Eine weitere originelle Tatwaffe von mir, die akzeptiert wird, ist die „Waffel“, und auch die Todesursache „Wasser in den Beinen“ geht durch. Allerdings nicht das „Rasseln“, obwohl ich ziemlich überzeugend vorspiele, wie man mit rasselndem Atem sein Leben aushaucht.

Bei I haben wir alle drei die Tatwaffe „Igel“ gewählt, aber ich bin der Einzige, der als Fluchtfahrzeug auf die bekannte „Igelkutsche“ gekommen ist. Meine Tochter hat dafür „Inges Rad“, dazu „Igitt“ als Mordmotiv und als Todesursache die „Intergalaktische Krankheit“.

Nicht schön, so eine „Intergalaktische Krankheit“, eigentlich können wir sehr froh sein, dass Corona mit großer Wahrscheinlichkeit auf die Erde beschränkt bleiben wird.

Meine Liebste dagegen hat das Mordmotiv „Irrsinn“ gewählt, und vielleicht ist es auch Irrsinn, der uns ganz allgemein ergriffen hat. Aber ein schöner Irrsinn, und ich wünschte, die Lachsalven, in denen wir uns krümmen, könnte ich für die Ewigkeit konservieren.

Heiterkeit entspringt dem absurden Verhältnis der Ewigkeit zu dem funkenhaften Aufglühen und Verlöschen unserer Existenz. So passt es, dass ich zu später Stunde unter Bauchschmerzen leide. So ist es, manchmal leide ich an Bauchschmerz, manchmal an Weltschmerz, manchmal an schmerzhafter Schultersteife, aber nie an intergalaktischen Schmerzen.

DER GESUNDBRUNNEN FÜR DIE WELT

Eigentlich möchte ich rufen: Hört auf! Lasst den Unsinn! Welchen Sinn soll es haben, auf wildfremde Menschen zu schießen? Aber Pazifisten haben gerade keine gute Presse. Wer gegen Waffenexporte an die Ukraine und gegen Aufrüstung ist, der gilt gerade als naiv oder bösartig.

Ansonsten ist mein Leben schön, weil ich zwei gesunde, erwachsene Töchter und eine Mutter habe, weil ich selber unter keinen Schmerzen leide und weil ich ständig Geld finde.

Ich kann nicht behaupten, dass ich Geld wie Heu habe, denn ich habe gar kein Heu, aber dafür viel Geld. Wie viel genau, das weiß ich gar nicht.

Es hat mit meinem Stadtführerdasein zu tun, und meiner würdelosen, aber erfolgreichen Art, große Trinkgelder herauszukitzeln. Es ist mein größtes Geheimnis, und ich weiß nicht, ob ich jemals irgendjemandem davon erzählen sollte, wie ich es anstelle.

Jedenfalls stecke ich mir das Trinkgeld dann immer in eine Tasche, Hose oder Jackett, um es später mal nachzuzählen. Das Nachzählen vergesse ich dann normalerweise, und das Geld auch.

Dafür habe ich andauernd erfreuliche Überraschungen, denn immer wenn ich in eine Hosen- oder Jackentasche greife, finde ich dort Geld. Mir geht's blendend, und das hat nicht nur mit dem vielen Geld überall zu tun, sondern auch mit den vielen Feiern und dem Mai.

Die Besserung der Welt, die Gesundung der Welt, ich hätte es gern, wenn unsere Erde ein besserer Ort würde. Inwiefern ich da aber als Vorbild tauge? Nicht sehr, denn ich mache zu selten sauber, ich spende trotz meines vielen Geldes nichts für Arme, ich rauche Marihuana, ich fliege nach Südamerika.

Woran könnte die Welt gesunden? Eigentlich an allem, durchaus auch an mir, aber zum Beispiel ja auch an euch oder am Gesundbrunnen.

Er ist um 1890 versiegt, der Gesundbrunnen an der alten Pankemühle, der dem Stadtteil den Namen gab. Heute gibt es dort einige Meter entfernt ein Denkmal aus dem Kalten Krieg. Es ist ein Atombunker für über dreitausend Menschen. Die Personenschutzanlage besteht aus dem gesamten U-Bahnhof Pankstraße und vielen Bunkerräumen.

Es ist nicht so, dass man vom U-Bahnhof Pankstraße in den Atombunker käme, sondern der U-Bahnhof ist der Atombunker. An den Eingängen und auch in den Einfahrten befinden sich bis heute dicke Betonschotten, die den Bahnhof abdichten könnten.

Was ist so absurd an der Anlage? Es reicht schon die Personendosierungsanlage. Bis die vorgesehene Menge von Menschen drin ist, würde es durch diese Einrichtung sechs Stunden dauern. Man stelle sich vor, man sieht einen Blitz und wacht wieder auf und hört das Wort *Personendosierungsanlage*. Dann ist man zwar noch nicht im Bunker, wahrscheinlich ist man auch schwer verletzt, aber wenn man dieses Wort hört, dann hat man die Garantie, in Deutschland zu sein, und das ist doch toll.

Eigentlich sollten die ersten funktionierenden Atombomben über Berlin und Mannheim explodieren, aber als sie fertig waren, hatte Deutschland schon kapituliert. Sonst würden nicht Hiroshima und Nagasaki, sondern Berlin und Mannheim für den Atomtod stehen.

Ich habe den Atombunker besucht. Auf einer Karte von Berlin und Umgebung sind darin die verschiedenen Zonen der Zerstörung eingezeichnet. Wäre eine Bombe über dem Alexanderplatz detoniert, hätte im Radius von bis zu vier Kilometern eine Feuerwelle für sechstausend Grad Temperatur gesorgt, und alle Menschen, einschließlich der Bunkerinsassen, wären zügig verdampft.

Verblüffend klein ist die Küche für den Bunker. Es ist keine Gemeinschaftsküche, sondern eine, in der wenige Personen genug konservierte Erbsensuppe aus riesigen Büchsen holen und erhitzen können, um die Belegschaft damit zu versorgen. Auf einem echten Bunkertopflappen steht:

„Frisch im Wasser wie ein Fisch
stets was Gutes auf den Tisch
und die Taschen immer voll
dann ist das Leben wundervoll!“

Auf einem anderen kann man lesen:

„Freue dich deines Lebens, denn es ist schon später, als du denkst.“

Damit auch kein Zweifel bleibt, was gemeint ist, ist noch eine Uhr mit der Zeit abgebildet: fünf Minuten vor zwölf.

Wie könnte die Welt an diesem Bunker gesunden? Einfach dadurch, dass sie hinsieht und die Absurdität der

Anlage zur Kenntnis nimmt. Wenn schon in der Hochzeit des Kalten Krieges Atombunker völlig sinnlos waren und niemandem Schutz hätten bieten können, wie sinnlos ist dann ein Atomkrieg überhaupt?

Die Welt könnte es sehen. Aber es kuckt mal wieder kein Schwein.

SCHIEBUNG IM TODESSTREIFEN

Als Erstes bekam ich am Morgen einen Anruf von Berlin on Bike: Meine erste Tour verschiebe sich eine Stunde nach hinten. Das war mir gar nicht so unrecht, denn ich hatte Abgabetermin für meine Kolumne, diesmal über den Techno-Club Tresor.

Es fehlte noch einiges an der Geschichte, insbesondere wollte ich der Redakteurin auch ein Foto der alten Tresortür aus der Leipziger Straße schicken. Aber erst mal schrieb ich den Artikel fertig über all das, wovon ich keine Ahnung habe: Acid und House, Industrial, Electro und Detroit-Techno.

Ich bin so dumm, für mich klingt die gesamte Techno-Musik nur wie Tschhhhh! Tschhhhh! Tschhhhh! Tschhhhh! Tschhhhh! Tschhhhh! Tschhhhh! Tschhhhh! Tschhhhh! Tschhhhh! Tschhhhh! Tschhhhh! Tschhhhh! Tschhhhh! Tschhhhh! Tschhhhh! Tschhhhh! Tschhhhh!

Aber das ist das Schöne am Journalismus, je weniger Ahnung man hat, desto unbeschwerter kann man schreiben. Ich schrieb fertig, und dann fuhr ich mit der avisierten Verspätung in die Kulturbrauerei.

Die erste Tour war noch relativ erfolgreich, eine Klasse siebzehnjähriger Kümmeltürkinnen hatte ich. Sie wollten was sehen, was Touristen sonst nicht so zu sehen bekommen.

Darf man *Kümmeltürkinnen* sagen? Ja, das darf man, und man darf es sogar schreiben, wenn man darüber Bescheid weiß. Wo sind Kümmeltürkinnen her? Aus der Nähe von Halle an der Saale, der sogenannten Kümmeltürkei.

Ich fuhr von der Köpenicker Straße durch das offene Tor und konnte die Tresortür aus Stahlbeton fotografieren, bevor wir vom Gelände am Kraftwerk Mitte geworfen wurden.

Ich hatte mein Ziel erreicht, Kolumne geschrieben, Tresortür fotografiert, jetzt musste ich die Schülerinnen nur noch heil zurück in die Kulturbrauerei bringen.

Den letzten Stopp mache ich gern an der Freien Internationalen Tankstelle. Es war aber doch sehr traurig, wie leer die Gesichter wurden, als ich die Worte *Sauna* und *Lesebühne* erwähnte. Es war zu spät, sie waren durch. Sie waren durch, und durch nichts, was ich tun oder sagen konnte, würde ich auch nur noch den kleinsten Zipfel ihrer Aufmerksamkeit bekommen.

Manchmal denke ich: Schlimmer kann's nicht kommen! Was ich inzwischen sehr genau weiß: Es kann immer schlimmer kommen, und es kommt auch immer schlimmer.

Denn die zweite Tour war der Tiefpunkt meiner Laufbahn. Es waren wieder Schüler, Schüler, die nicht zuhörten, sondern ununterbrochen quatschten und deren Aufmerksamkeitsspanne manchmal noch reichte, eine Frage zu stellen, aber nicht mehr, der Antwort zuzuhören.

Ich erklärte, was wichtig ist: „Niemand überholt mich!“ Als ich sie nach ihren Wünschen fragte, wollten sie Currywurst und „Kein Gequatsche“. Sie hätten schon so viel Gequatsche gehabt. Sie wollten viel fahren.

Nun, dachte ich mir, den Wunsch kann ich ihnen erfüllen, auch wenn es bedeutete, dass auch ich selber viel fahren müsste. Seit dreiundfünfzig Jahren und acht Monaten versuche ich, körperliche Arbeit zu vermeiden, wo immer es geht. Ab einer gewissen Kilometerzahl am Tag fühlt sich auch Fahrradfahren wie Arbeit an. Ein gewisser Interessenskonflikt. Wahrscheinlich wird mich Arbeit nicht auf der Stelle töten, aber Arbeit kann zu schleichenden, unangenehmen Krankheiten und zu Impotenz führen.

Das Problem löste sich auf überraschende Art. Sie wollten viel fahren. Wollen wollten sie vielleicht, aber können konnten sie es nicht.

Sie überholten mich, sie fuhren auf der falschen Seite, sie klingelten, sie fuhren so bedrohlich nahe an Fußgänger heran, dass diese sich nur durch Sprünge in die Rabatten retten konnten, es war ein Desaster. Ich ließ das erste Mal schieben.

Ich hielt eine Ansprache:

„Das geht so nicht, ich wiederhole, was streng verboten ist: Klingeln, Vollbremsungen, Fahren ohne Sicherheitsabstand, Fahren auf der falschen Straßenseite, Fahren bei Rot, nahes Heranfahren an Fußgänger, Fahren in Schlangenlinie! Ich meine es ernst, wenn ihr nicht Fahrradfahren könnt, müssen wir schieben!“

Nach weiteren Ermahnungen und längeren Strecken schiebend, ließ ich sie, da auch nach einem Sturz keinerlei Besserung des Fahrverhaltens zu bemerken war, vom Nordbahnhof bis in die Kulturbrauerei schieben. Wer seine Fahrgäste liebt, der schiebt.

Aber nicht einmal die Fahrräder schieben konnten sie. Manchmal musste ich auf sie an einer Fußgängerampel warten, traurig sah ich einen der Schüler an, der auf mich zuschob und dabei ununterbrochen klingelte. Ich fragte ihn:

„Was genau an ‚Klingeln verboten!' verstehst du nicht?" Er konnte nicht antworten, er konnte auch nicht aufhören zu klingeln, es war sehr, sehr, sehr traurig.

Ich ging frohgemut. Als ich vor Jahren erstmalig mit einer solch dysfunktionalen Gruppe geschlagen war, hatte ich mir die schlimme Ansprache zum Abschied nicht verkneifen können:

„Ihr seid die schlimmste Klasse, die ich jemals hatte!" Diesmal verzichtete ich darauf. Meine Worte zum Abschied waren lakonisch. Kein „Lebt wohl!", sondern nur:

„Da die Fahrräder abstellen! Da hinten die Helme in dem blauen Beutel ablegen!"

Zehn Minuten früher Feierabend, ich war einfach ein gottverdammtes Glückskind.

DIE STONES, DAS WELTALL UND DIE LÄNGE VON ZUSAMMENGESETZTEN SUBSTANTIVEN IN AGGLUTINIERENDEN SPRACHEN

Ich löste eine Schuld ein, indem ich meine liebste Stones-Freundin mit der Rikscha zum expressionistischsten Gebäude Berlins fuhr. Es war kurz nach dem letzten Konzert der Stones in der Waldbühne, und bei dem Gebäude handelt es sich um die Chirurgische Pferdeklinik bei der alten Tierarznei. Wir badeten unsere Füße in der Panke und fuhren dann weiter zum Adlon. Wir kuckten, ob Mick Jagger nach dem großartigen Konzert in der ausverkauften Waldbühne wie erhofft Keith Richards aus dem Fenster hielt, oder wenigstens Ron Wood. Aber der knapp achtzigjährige Rolling Stone war ein ganz anderer Tänzer, als es Michael Jackson gewesen ist.

Sodann besuchte mich ein Freund aus Jeffer, und man muss sich diese Geschichte, wie ja alle anderen auch, gesprochen vorstellen. Denn, ja, Jeeffer gesprochen, und nicht Jewer, wie in der Reklame. Es sagt ja schließlich auch niemand Hannower wenn er Hannover meint. Eine Werbeagentur aus Hamburg ist dafür verantwortlich, dass in Deutschland alle, abgesehen von den Jeefferanern, die Stadt falsch aussprechen: „Wie das Land, so das Jewer."

Dieser Freund aus Jeeffer zückte kurz sein Handy und überschlug, was den Stones das Konzert am Mittwoch eingebracht hatte, und kam auf sieben Millionen Euro.

Das klingt vielleicht viel, aber es war nicht genug, dass auch nur jede der hundertvier offiziellen Enkelinnen der Stones eine lumpige Million abbekommen könnte.

Das Stones-Konzert hatte ein großes Echo bekommen, in der Tagesschau gab's einen Bericht des Lobes voll, in der Berliner Zeitung einen langen Artikel und in Die Welt einen etwas despektierlichen. Schon die Überschrift „Warum dies das letzte Konzert der Rolling Stones gewesen sein könnte". Seit fünfzig Jahren ist das ein Dauerthema und wird es bestimmt auch noch lange bleiben. Die Stones seien „ein fahrender Weltkonzern mit einem singenden und tanzenden CEO". Mick Jaggers Tanzkursbewegungen seien zickiges Gestelze, die Riten in sich erstarrt, selbst sein Storchenschritt im rasenden Stillstand: „Alle Kakerlaken-, Echsen- und Fossilienkalauer sind seit Jahrzehnten nicht mehr komisch. Eine Band ist auserzählt."

Auf mich haben die Rolling Stones in der Waldbühne keinen auserzählten Eindruck gemacht, sondern einen sehr energiegeladenen, wie Jagger mit achtzig kann kein Zwanzigjähriger tanzen, selbst wenn er es wollte.

Aber ich bin ein Fan und als solcher etwas kritiklos. Ich find' sogar den neuen Schlagzeuger viel besser als den alten. Mein friesischer Freund verabschiedete sich, und meine jüngere Tochter traf ein, aber weil sich die österreichischen Freundinnen um zwei Stunden verspäteten, brach mein akribischer Zeitplan in sich zusammen.

Die Österreicherinnen kamen von einer Entmagnetisierungsinsel in der Ostsee vor Rügen. Das Wort *Entmagnetisierungsinsel* ist neben *Dönerbudenleuchtreklame* derzeit mein deutsches Lieblingswort. Natürlich wird Franz Fühmanns *Schneeseekleerehfeedrehzehwehtee* für immer einsam und unerreicht bleiben, aber wohl eher im passiven und nicht im aktiven Sprachgebrauch. Deutsch ist eine agglutinierende Sprache. Wer weiß, was *agglutinierend* bedeutet?

Es bedeutet, dass durch Zusammensetzung kürzerer Wörter neue längere Wörter entstehen können.

Die Entmagnetisierungsinsel, die Österreicherinnen zeigten mir Fotos, war etwas unansehnlich, sie war ganz aus Beton und stand auf Stelzen. Um sie fahren Schiffe so lange herum, bis sie durch irgendwelche Spulen entmagnetisiert sind und sich deshalb magnetische Minen nicht mehr anhaften können. Ich hielt es erst für Seemannsgarn, aber es stimmte alles.

Schließlich fuhr ich zu Freunden hinters Frankfurter Tor und trank noch ein Bier mit den so lange nicht gesehenen Rikschakollegen.

Der Abend neigt sich, die Sonne versinkt im Meer. Dunkel lag die Entmagnetisierungsinsel in der Ostsee, nur die Dönerbudenleuchtreklame blinkte, und der einsame Verkäufer trank den letzten Schluck von seinem Schneeseekleerehfeedrehzehwehtee. Er vertiefte sich in den dritten Entwurf des Rindfleisch-Etikettierungs-Überwachungs-Aufgaben-Übertragungs-Gesetzes.

Dann doch lieber Weltliteratur, dachte der Verkäufer und las in dem Buch *Varadāmbikā Pariṇaya Campū* von Tirumalāmbā. Das längste Wort der Belletristik lässt sich nur schwer in einem Satz übersetzen, doch hier stand es, und er versuchte es. Es war nur ein einziges Wort, und es besagte sinngemäß:

„Darin wurde die durch Durst verursachte Not der Reisenden durch leuchtende Strahlen aus den hellen Augen der Mädchen gemildert; von Strahlen, die die Ströme von Licht, von süßem und kaltem Wasser vortäuschten, die mit dem starken Duft von Kardamom, Nelken, Safran, Kampfer und Moschus aufgeladen waren und aus den Krügen flossen, die die Lotus-schönen Hände der jungen Schönheit sitzend in den wunderschönen Wasserhütten hielten, gefertigt aus dicken Wurzeln des Vetivergrases, gemischt mit Majoran und erbaut nahe des Fußes, bedeckt mit einem Haufen weichen Sand, mit den Büscheln neu aufkeimender Mangobäume, die beständig die Zwischenräume der Wohnviertel verdunkelten, und die umso bezaubernder wirkten aufgrund der sickernden Tropfen des Blütensaftes, die so die Täuschung einer Reihe dichter, mit reichlich Nektar gefüllter Regenwolken hervorrief."

Der Verkäufer versuchte, sich vorzustellen, wie sich die Literatur entwickelt hätte, wenn Thomas Mann seine über viele Seiten laufenden Sätze mit solchen Wörtern gebildet hätte. Der Weltfrieden hätte einkehren müssen, wenn der erste Mensch einen solchen Satz hätte verstehen können. Es war dunkel, und nur von Rügen leuchtete die Zivilisation. Manchmal dachte der Verkäufer an Titin, und Tränen traten in seine Augen. Titin ist das größte bekannten Protein, und ausgeschrieben besteht das Wort aus knapp zweihunderttausend Buchstaben.

Der Verkäufer begann, das Wort aufzusagen: „Methionyl-threonyl-threonyl-glutaminyl-alanyl—" und seine Stimme wurde eins mit dem Wind und den Wellen. Er wusste, dass niemals jemand bis zum Ende des Wortes kommen würde, außer ihm selber in der Unendlichkeit auf der Entmagnetisierungsinsel. Als die Sonne begann, den Morgenhimmel zu röten, schloss er:

„...isoleucin!“ Unendlich sind nur das Weltall und die Länge von zusammengesetzten Substantiven in agglutinierenden Sprachen.

DIE NEUEN MENSCHEN

Wir sollen, haben die Lehrer gesagt, Deutsch mit der französischen Schulklasse sprechen:

„Sprecht ihr Deutsch?", frage ich sie. Verständnislose Gesichter. Meistens bin ich glücklicher Stadtführer, jedenfalls fühle ich mich so. Oft benutze ich lieber das Wort *Fahrradguide*, um keine unguten Gefühle an den Führer zu wecken. Pädagogisch ist das durchaus anspruchsvoll, denn wenn auf die Frage, wer die Berliner Mauer gebaut hat, die Antwort „Hitler" kommt, ist die Vermittlung von Grundlagenwissen angesagt.

Ob ihr Englisch besser ist als ihr Deutsch, frage ich die Klasse, und zum Glück bekomme ich eine Antwort, Englisch verstehen sie.

Ich weise den Lehrer als Schlussmann ein:

„Zieh dir die Warnweste an! Du musst immer als letzter Mann fahren, wenn ich dich sehe, weiß ich: Es sind alle dabei. Wenn ich dich nicht mehr sehe, warte ich auf dich. Wenn jemandem schlecht wird oder jemand eine Fahrradpanne hat – mit dem- oder derjenigen stehen bleiben und auf mich warten! Dann parke ich die Gruppe, komme zu dir, wir rufen den Leichenwagen und fahren weiter. Nicht versuchen, mich einzuholen und mir Bescheid zu sagen. Ein Lehrer fuhr bei einem solchen Versuch an mir vorbei und verschwand in den Weiten Berlins. Das ist Jahre her, und der Mann ist nie wieder aufgetaucht."

Ich frage ihn, ob er das verstanden hat, dann versuche ich, dieses System der Klasse zu erklären. „Alles klar? Dann folgt mir!“

Die Klasse fährt mir hinterher auf die Knaackstraße, und an der Danziger stehe ich und warte auf den Schlussmann, um die Straße zu überqueren. Ich warte fünf Minuten, ich warte zehn Minuten, ich sage der Gruppe:

„Bitte hier warten!“, und fahre wieder in die Kulturbrauerei. Dort ist der Lehrer mit seinem Kollegen im Gespräch. Ich fahre zu ihm und sage:

„Wir warten auf dich, bitte komm!“ Er schert sich nicht darum, sondern zieht sich einen dieser unmöglichen Regenponchos an, und nach unfassbar langer Zeit folgt er mir zu seiner Klasse.

Ich bin ein vorbildlicher Pädagoge. Ein Mädchen wollte neulich zur Siege*l*säule, ich fuhr sie zur Siege*s*säule und wiederholte das Wort *Siegessäule* so oft, dass sie sich hoffentlich ihrer Verballhornung bewusst wurde.

Oder wie intensiv ich immer die Erbfeindschaft zwischen Deutschland und Frankreich herausstreiche, dass sie niemals endet, sondern immer weitervererbt wird. Die Schülerinnen mögen ihre eigenen Schlüsse ziehen.

Am ersten Halt im Todesstreifen der Berliner Mauer will ich anfangen zu sprechen, doch der Lehrer drängelt sich vor und spricht statt meiner. Worüber, ist mir schleierhaft, denn er spricht Französisch. Freundlich scheint es nicht zu sein, ich würde vermuten, er scheißt die Klasse zusammen wegen ihrer Fahrweise. Dabei ist aber er selber der Einzige, dessen Fahrweise mir Kopfzerbrechen bereitet.

Dann darf ich sprechen und stelle meine Frage: Wer hat die Berliner Mauer gebaut, und warum? Ein Junge antwortet in perfektem Englisch, dass die DDR sie gebaut habe, um Fluchten ihrer Bürger zu unterbinden. Das ist völlig richtig, und wir können weiter.

Ich beobachte den Lehrer. Er soll immer als Letzter fahren, habe ich ihm gesagt. Fünf Teilnehmerinnen sind gerade hinter ihm.

Wir fahren zur Bornholmer Straße, zur Chausseestraße, zur Bernauer Straße. Immer wenn ich mich umblicke, glaube ich, ich sehe nicht richtig. Mein wichtiger Schlussmann ist entweder gar nicht zu sehen oder sehr weit weg oder kommt aus einer Seitenstraße, in die ich gar nicht eingebogen bin. Irgendwann habe ich es etwas eilig, weil es auch ein Leben nach dieser Tour gibt, und ich will, dass es bald beginnt. Dafür müssen wir wieder in die Kulturbrauerei zurück.

„Folgt mir!" Ich sehe alle Schülerinnen, wie sie mir nachradeln. Nur der Lehrer nicht. Erst bleibt er einfach stehen. Dann glaube ich, meinen Augen nicht zu trauen, er schiebt sein Fahrrad, ohne Grund.

An der Strelitzer Straße sehe ich ihn auf der anderen Straßenseite fotografieren. Vielleicht ist er einer dieser neuen Menschen, die sich keine Sorgen mehr machen oder über ihr Handeln nachdenken.

Aber alles hat ein Ende, am letzten Halt halte ich meine so wichtige Propina-Rede:

„Viele französische Schülerinnen denken, es würde einen deutschen Fahrradguide kränken, von Schülern Trinkgeld zu bekommen. Ich kann euch sagen: Ihr irrt, ihr kränkt mich nicht, wenn ihr mir Trinkgeld gebt. Auch viele Lehrer glauben, es würde mein zartes Gemüt verletzen, mir Trinkgeld auszuzahlen. Nein, das kann ich euch versichern, ich bin über kein Trinkgeld gekränkt, sondern freue mich darüber." Nach dieser wichtigen Klarstellung, der ich meine beneidenswerten Trinkgelder verdanke, sind die letzten fünfhundert Meter zu radeln.

Der Kollege mit der anderen Hälfte der Franzosen stößt dazu, die Gruppen vermischen sich, ich kann meinen Lehrer nicht mehr sehen. Er ist ganz verschwunden. Auch der Lehrer meines Kollegen, der mir sagt:

„So was habe ich noch nicht erlebt, das ist nicht das erste Mal, mein Lehrer ist fünfmal verloren gegangen!" Wir fahren zurück und suchen den ganzen Weg ab, den wir seit unserem letzten Halt genommen haben. Nichts. Wir geben auf und fahren ohne die Lehrer zur Fahrradabgabe zurück. Sollen die Schülerinnen selber versuchen, ihre Lehrer zu finden.

Als ich eine halbe Stunde später vom Gelände fahre, sehe ich meinen Lehrer mit seinem Kollegen, beide haben noch die Warnwesten an, mit deren Hilfe wir die Gruppen zusammenhalten wollten. Sie haben sich einfach abgeseilt und lecken an Eiswaffeln.

Das sind sie, die neuen Menschen.

Ich habe Feierabend.

DUMM KÜSST GUT

Wie stellt man es an, komplett glücklich zu sein? Ein altes Rätsel der Menschheit mit vielen Antworten. „Ich wollt', ich wär' ein Huhn" ist eine Möglichkeit. Denn müssen Hühner nicht glücklich sein, wenn sie Körner picken, Eier legen und ihre Küken aufziehen?

Oder Hunde, sind Hunde nicht glücklich, wenn sie ihr Frauchen haben, das ihnen Essen hinstellt und mit ihnen Gassi geht und spielt?

„Wo issa denn? Na, wo issa denn? Feiner! Bist ein ganz Feiner!" Stattdessen erfahre ich aus dem Radio, dass Trump durch das Gefängnisfoto Einnahmen von 1,5 Millionen Dollar allein am gestrigen Samstag erzielt hat. Ich freu' mich schon darauf, wenn er ins Gefängnis kommt.

Wer keine Nachrichten kuckt, muss glücklicher sein. Kein Krieg, von dem man schreckliche Bilder sieht, keine Unwetter und keine aussterbenden Tierarten, nichts trübt die Lebensfreude.

Wenn man sich dafür entscheiden könnte, dumm zu bleiben, dann würde man nicht lesen lernen und niemals Nachrichten hören oder sehen. Aber man kann sich nicht dafür entscheiden, denn entweder man ist dumm oder nicht. Aber es gibt Trost.

Denn Spanien ist Fußballweltmeisterin! Als die spanischen Funktionäre den Spielerinnen der Nationalmannschaft gratulierten, küsste Luis Rubiales der Spielerin

Jennifer Hermoso auf den Mund. Der war das sichtlich sehr unangenehm.

Rubiales wurde für den Fußball gesperrt und behauptet, er hätte sie auf ihren Wunsch geküsst. Dieses Lügen und Verleumden der Spielerin ist eine Schande vor der Welt, wenn es gerecht zuginge, dann müsste Rubiales in die Hölle, um dort bis zum Ende aller Zeiten vom Teufel auf den Mund geküsst zu werden.

Das Küssen auf den Mund, ich stelle mir vor, mich würde ein Fremder auf den Mund küssen, und mir graust es. Denn ich erinnere mich noch an 1979.

Es war der dreißigste Geburtstag der DDR, meines sozialistischen Vaterlandes, und ich war neun Jahre alt. Schon immer gab es die Mauer, und der Chef des Ostblocks, Leonid Breschnew, besuchte zur Feier die Hauptstadt des besseren Deutschland.

Warum war die DDR das bessere Deutschland?

Es gab mehr Sex, die Frauen waren ökonomisch unabhängig, die Abgase waren würziger, Brot, Bier und Wohnung waren billig, und die Tomaten schmeckten besser.

Aber dann passierte es, anstatt sich, wie unter Ostblock-Diktatoren üblich, gegenseitig auf die Wangen zu küssen, küsste Honecker – der war zu diesem Zeitpunkt schon ein sehr alter und hässlicher Mann – den überraschten Breschnew auf den Mund.

Nun war Breschnew noch etwas hässlicher und älter als Honecker, und trotzdem muss es ihm sehr zugesetzt haben. Vielleicht hatten sich die Gebisse kurzzeitig verhakt, vielleicht war es ein Virus.

Breschnew verfiel in den folgenden Monaten wie im Zeitraffer und verstarb kurz danach. Nicht ohne vorher noch seinen Nachfolger geküsst zu haben. Der und auch dessen Nachfolger starben so schnell, dass sich kaum jemand die Namen Tschernenko und Andropow merken konnte.

Als Gorbatschow schließlich zum vierzigsten Geburtstag der DDR zu Besuch kam, verweigerte er zwar nicht den sozialistischen Bruderkuss auf die Wangen, aber den auf den Mund.

Die Hierarchie war noch nicht wiederhergestellt, aber zumindest ließ sich der Chef der Sowjetunion seine Zunge nicht mehr von der des kleinen DDR-Diktators benetzen und mit irgendwelchen Stasi-Giften oder Viren infizieren.

Gegen die Computerviren der DDR war die Sowjetunion ausreichend gut aufgestellt, denn die DDR hatte die größte Mikroelektronik der Welt, und ein Computervirus aus VEB-Produktion konnte nicht mit einem Pkw transportiert werden, es musste mindestens ein Barkas sein. Unbemerkt gelangte kein einziger davon in die Sowjetunion.

Mit der Frigidität Gorbatschows war es für Honecker und die DDR gelaufen, sie gaben schnell den Löffel ab. Aber der Virus, oder was auch immer es war, an dem Breschnew und seine Nachfolger gestorben waren, er hatte schon den ganzen Ostblock angesteckt, und auch Gorbatschow konnte diesem Fluch nicht entgehen, denn auch er ist schon gestorben, in der Blüte seiner Jahre mitten aus dem Leben gerissen.

Möge es nach der WM mit der sexuellen Belästigung und dem korrupten Macho-Fußball ähnlich werden, nicht nur in Spanien, sondern weltweit. Wenn dieser Machtkampf zugunsten der Fußballerinnen ausgehen würde, wäre das ganz, ganz fein.

Glücklich sein wie eine sorglose Katze! Und es gibt einfach keine anderen, oder hat irgendjemand schon mal von einer sorgenvollen Katze gehört? Katzen machen sich kaum Sorgen um die Weltgeschichte. Die unvermeidliche Ausdehnung der Sonne, lange nachdem es schon kein Leben mehr auf der Erde gibt, scheint sie überhaupt nicht zu belasten.

Alkohol und Kiffen machen bekanntlich dumm, und das ist die Erklärung für den massenhaften Missbrauch dieser uralten Kulturdrogen. Denn dumm fickt gut und dumm ist glücklich. Der Dumme hat keine Flugscham, der Dumme genießt das schöne Wetter, anstatt sich um die Klimakatastrophe zu sorgen.

Aber auch die Klugen haben gute Aussichten, denn uns allen ist vor dem Übergang ins Jenseits die zweite Kindheit vergönnt. Vielleicht nur kurz, vielleicht aber auch viele glückliche Jahre. Und wenn wir wieder so dumm oder so schlau wie die kleinen Kinder sind und immer noch nicht glücklich, dann sind wir selber schuld.

WAS UNS EINE ALTE MATRATZE ERZÄHLT

Früher, als die Reformbühne noch im Haus Berlin war, hoch über den Dächern der Stadt, da habe ich gern Lichtbildvorträge gehalten mit verschiedenen Rubriken. Eine Rubrik war „Micky-Maus-Mutationen", sehr viele Poller aus aller Welt zeigte ich, eine andere Rubrik war „Wie Autofahrer signalisieren: Bitte nicht ansprechen!"

Eine ewige Rubrik hieß „Verzweiflung in der Großstadt", und diese Vorträge waren ziemlich gut und wurden mit viel Gelächter belohnt. In der Gormannstraße habe ich in der vergangenen Woche eine Matratze fotografiert, die wegen ihrer Aufschrift für diese Rubrik „Verzweiflung in der Großstadt" perfekt gewesen wäre.

Wann das massenhafte Auf-die-Straße-Stellen und -Legen von alten Matratzen in Berlin begonnen hat, weiß ich nicht mehr genau. Viele Stunden müsste ich mein Fotoarchiv durchsuchen, bis ich es beantworten könnte.

Das Fotografieren verschiedenster Alltagsphänomene gehört zu meinen Leidenschaften. Hier nun stand die Matratze mit einem ordentlich ausgedruckten Zettel, der in einer Klarsichtfolie steckte, die wiederum sorgfältig an die Matratze getackert war. Es steckte so viel Liebe in dieser Installation, dass ich sehr neugierig war, was mir die Matratze erzählen wollte. Berlin ist eine internationale Stadt, deshalb war die Aufschrift in Englisch, ich übersetze sie folgend ins Deutsche:

„Toll gemacht, du dumme Ausrede von einem Menschen! Du hättest diese Matratze einer Obdachlosenunterkunft spenden können

-oder einem Tierheim

-oder einer obdachlosen Person in der Straße

-oder Kunst draus machen können

-oder eine schöne Sitzgruppe“

Tatsächlich ist bei mir in der Lottumstraße mal eine solche Matratze in ein Kunstwerk verwandelt worden, in eine mobile Statue mit Gesicht und Wanderlust, die von hier ihre Reise durch Berlin antrat. Zuletzt sah ich sie auf der Schönhauser Allee in der Ferne entschwinden. Aber der Autor des Briefes an der Matratze war noch nicht fertig mit seinen Vorschlägen:

„-Du hättest sie recyclen können, um die Luft zu kompensieren, die du mit deinem leeren Kopf täglich atmest

-Du hättest sie, verdammt noch mal, auf Kleinanzeigen inserieren können, und jemand hätte sie gratis abgeholt, jemand, der kein Geld hat und eine Matratze braucht.

Stattdessen, du sinnloser Haufen Scheiße, hast du dich entschieden, sie auf die Straße vor mein verdammtes Haus zu stellen und damit eine Gefahr zu schaffen und womöglich jemandes Leben zu gefährden. Du nichtsnutziger Idiot.“

Ich weiß nicht viel über den Autor der Matratzenaufschrift, aber er macht trotz seines englischen Briefes auf mich den Eindruck eines typischen Berliners. Es bedarf einer besonderen Mentalität, um eine weiche Matratze lebensgefährlich zu finden. Selbst wenn der Verfasser im Dunkeln über sie gestolpert und hingefallen ist, muss die Matratze seinen Sturz abgefedert und so sein Leben gerettet haben. Weiter mit meiner Übersetzung:

„Ich hoffe, du findest in deinem Leben niemals mehr eine gemütliche Matratze und dein Rücken schmerzt von jedem Möbel, auf dem du schläfst, und während du schläfst, hast du Brotkrümel auf dem Laken in jeder verdammten Nacht. Ich hoffe, dein neues Bett hat Bettwanzen, die deine ganze Wohnung befallen, und ich hoffe, du hast keine Versicherung und musst für die Beseitigung selber bezahlen. Mögest du auf Legosteine treten, mindestens zweimal im Monat. Möge jedes Bier, dass du jemals serviert bekommst, heiß sein. Mögest du dir den kleinen Zeh jedes Mal stoßen, wenn du aus dem Bett steigst – immer woanders, sodass du es niemals verhindern kannst!!!

PS: Was erwartest du, wer's wegräumt, deine Mutter? Ich habe gehört, sie ist woanders beschäftigt."

Ich habe etwas über den Autor nachgedacht, und durch seine Zeilen weiß ich doch eine ganze Menge über ihn. Ich glaube, dass es ein Kindsvater ist, wegen der Idee mit den Legosteinen. Da kommt man doch ohne Kinder nicht drauf. Außerdem vermute ich, dass er Mann ist und nicht Frau und dass er zugezogen ist, da er den Berliner Dialekt noch nicht in allen Feinheiten verwendet.

Er trinkt gern Bier und stößt sich gelegentlich den kleinen Zeh an verschiedenen Stellen in seiner Wohnung. Seine Wohnung ist schon mal von Bettwanzen befallen gewesen, sonst wüsste er nicht so detailliert über einen solchen Albtraum Bescheid.

Das Wichtigste, was wir von diesem Mann wissen können, ist, dass er eine positive Impulskontrollstörung hat.

Die normale und eher negative Impulskontrollstörung äußert sich in Affekthandlungen. Das sind Tätigkeiten wie

Essen ohne Hunger oder Kaufen ohne Bedarf, Glücksspiele um Geld, Nägelkauen, Raserei im Straßenverkehr. Auch exzessive Masturbation kann aus so einer Störung resultieren, aber ich habe die Matratze nicht nach Spuren untersucht. Eine Impulskontrollstörung kann auch zu Selbstverletzungen führen, wenn der Gestörte beispielsweise wütend barfuß gegen Türkanten tritt.

Aber stattdessen hat der unbekannte Autor dieses Briefes seinen Impuls in einen Computer getippt, und zwar nicht nur ein oder zwei Worte, sondern einen zehnfachen Fluch. Dann hat er einen deutlich lesbaren Schriftgrad gewählt, ausgedruckt, den Ausdruck in eine Dokumentenhülle gesteckt, sich einen Tacker besorgt, und hat ihn kühl an die Matratze getackert.

Seine aggressiven Impulse kann er in leichten Büroarbeiten sublimieren und sollte uns für ein friedliches Berlin darin ein Vorbild sein.

Einige wichtige Lektionen über den Berliner Ton hat er bereits gelernt. Auf übertriebene Höflichkeit kann man hier einfach verzichten. Die wichtigste Lehre steht dem Neuberliner noch bevor, und mit dieser Lehre unseres verstorbenen Mitglieds Michael Stein endet dieser Text:

Gewalt ist beschleunigter Dialog!

TOTENTANZ IM FREUDENHAUS

Heute ist ein stiller Tag. Zwar gibt es für heute kein Tanzverbot, aber in Kinos dürfen keine Filme gezeigt werden, die dem Charakter dieses stillen Tages widersprechen und das religiöse oder sittliche Empfinden verletzen.

Es ist Volkstrauertag, und wir dürfen hier nur auftreten, weil wir seit knapp dreißig Jahren unterm Radar segeln und aus unerfindlichen Gründen nicht als Kino gelten. Denn eigentlich ist das genau unser Ziel, das religiöse und sittliche Empfinden aller so stark zu verletzen wie möglich.

Warum? Das ist Punk! Wir sind doch alle alte Punks. Aber leider retardiere ich mehr und mehr vom Punk zum Hippie. Die Hippies waren für uns früher verweichlichte Kiffer, mit ihrem Friedensgewimmer, seltsam schlapp und lethargisch, ohne Antriebskraft lagen sie auf ihren Matratzen. Peace!

Dagegen war doch Punk voller Energie und Realismus, „No Future!" und Pogo. Punks fanden Umweltverschmutzung gut und fuhren gern betrunken möglichst große Autos.

Jetzt habe ich nur noch ein Fahrrad, kiffe jeden Tag, höre Janice Joplin, *Imagine* von John Lennon und *The Sound of Silence*. Ich jammere:

„Ich will Frieden, nur Frieden auf der Welt!"

Was ist der heutige Volkstrauertag genau? Am 1. März 1925 wurde der Volkstrauertag zum Gedenken an die toten Soldaten des Ersten Weltkrieges erstmals begangen.

Der Termin wechselte, mal war er im Februar, mal im März, die Nazis legten ihn auf den 9. November, wendeten ihn auf ihre eigenen Toten an und tauften ihn in „Heldengedenktag“ um.

Sie begingen ihn 1936 mit der Remilitarisierung des Rheinlandes, 1938 mit dem Einmarsch in Österreich und 1939 mit der Zerschlagung der Tschechoslowakei.

In der DDR erfand man als Ersatz den „Internationalen Gedenktag für die Opfer des faschistischen Terrors und Kampftag gegen Faschismus und imperialistischen Krieg“ und legte ihn in den September. Die DDR starb aus vielen Gründen, einige davon waren die zu langen Bezeichnungen für Feiertage.

In Westdeutschland eiferten die Hessen der DDR nach, mit der Bezeichnung „Gedenktag für die Opfer des Nationalsozialismus und die Gefallenen beider Weltkriege“. Ihnen also gelang das Kunststück, gleichzeitig der vergasten Juden und ihrer getöteten SS-Mörder zu gedenken.

Aber womöglich ist das mit „Deutsche Soldatengräber“ bezeichnete Gräberfeld in Hamburg noch perverser. Dort haben der Senat, der Volksbund Deutsche Kriegsgräberfürsorge und das Verteidigungsministerium heute Kränze abgelegt – und zwar ausschließlich für die im Zweiten Weltkrieg getöteten Soldaten.

Bestattet sind dort aber unter anderem Kinder von Zwangsarbeiterinnen, über hundert hingerichtete Deserteure sowie ermordete Patienten aus Heilstätten und Insassen von Konzentrationslagern.

Ich will offenlassen, was schlimmer ist: Sie in der Abteilung „Deutsche Soldatengräber“ zu bestatten oder dort heute ihrer Mörder zu gedenken, aber nicht ihrer selbst.

Noch immer scheinen mir Desertationen als die mutigsten Kriegshandlungen von Soldaten. Ob ich den Mut dazu hätte? Wahrscheinlich nicht. Immerhin haben wir mal einen Deserteur bei uns versteckt, und ich würde es wieder tun.

Als der Ukraine-Krieg begann, war ich in Chile und überlegte, ob dieses Land nicht gut zum Auswandern wäre, wenn doch jetzt in Europa und bald auch in Deutschland Krieg herrscht. Ich würde doch nicht so dumm sein und an einem Ort wohnen bleiben, an dem es nur eine Frage der Zeit ist, dass Bomben und Raketen einschlagen.

Zwei Jahre später ist von meinen Auswanderungsplänen wenig übrig geblieben. Ich harre in Berlin aus, während der Krieg jeden Tag etwas näher und näher kommt.

Deutschland muss kriegstüchtig werden, abwehrbereit, nicht für Führer und Kaiser, aber mittelfristig soll fürs Vaterland, für den Westen und die Demokratie wieder mittels Heldentod gestorben werden. Kotzen nützt da wenig, denn Panzer müssen rollen oder wenigstens wieder rollen können.

Mein zerbrochener Pazifismus meldet sich mit einem diffusen Protest, aber nicht gegen die Kapitalisten von Rheinmetall, sondern gegen die menschliche Natur, der Frieden offensichtlich so gegen den Strich geht, dass er nie von langer Dauer ist.

Ich reise im Januar wieder zur Winterfrische nach Südamerika. Mit weniger Geld als vor zwei Jahren, mit weniger Optimismus, dafür mit noch etwas schlechterem Gewissen.

„Du machst das richtig!“, bestärken mich meine Mutter und so manche Freundin. Meine Zweifel lindert das aber nicht, sie sind für ein schlechtes Gewissen groß genug, aber nicht groß genug, um einfach hierzubleiben.

Meine Ausreden sind:

1. Ich muss dahin zum Arbeiten.
2. Ich muss dahin zum Fußballspielen.
3. Ich brauche Sonne wegen meiner Hautkrankheiten.
4. Ich brauche Sonne wegen meiner Depressionen.
5. Ich bleibe drei Monate dort, dann ist der Überseeflug von der Umweltbilanz nicht so schlimm wie bei nur einer Woche.
6. Ich verbrauche im kalten Deutschland keine Heizenergie.

Diese Liste lässt sich beliebig fortsetzen, zum Beispiel mit:

7. Andere fliegen auch.
8. Ich kann sowieso nichts ändern.
9. Autofahren ist schlimmer.
10. Fleischessen ist schlimmer.
11. Ich muss als Reiseschriftsteller zum Schreiben reisen.
12. Weltraumfahrt ist schlimmer.
13. Brandrodung ist schlimmer.
14. Im Alter kann ich mir das aus Altersarmut nicht mehr leisten.
15. Andere machen auch Urlaub.
16. Ich muss dort mit meiner Zigarrenkiste ein Lesungskonzert geben.

Usw. usf.

All diese Ausreden haben gemeinsam, dass sie Ausreden und nicht wahr sind. Ich reise nur für mein eigenes Wohlergehen und natürlich für euch, die ihr wegen meiner Reiseabenteuer dieses Buch gekauft habt.

Ich werde im Januar abreisen und im März zurückkommen und wiederum versuchen, genug Einnahmen zu erzielen, um im Winter wieder ins Warme zu reisen.

Aber dafür habe ich mir meine Bar schöngeredet und freue mich schon auf November 2024, wenn ich dort die erste Fiesta de los Muertos feiern werde, das Totenfest.

Es ist die Bar am Rande der Apokalypse, und *am Rande* bedeutet nicht unbedingt näher dran als jemals zuvor. Die Menschheit war und ist immer gleich weit von der Apokalypse entfernt. Denn das Ende der Welt wird dieses Mal wiederum ausbleiben. Das Ende der Welt entspringt nur dem Wunsch der Menschen. Sie wollen nicht, dass sie selber endlich sind, im Gegensatz zur Welt, die unberührt weiter existieren wird, als hätte es nie Menschen gegeben.

Das Ende der Welt wird kein Mensch erleben, nicht einmal das Ende des Lebens auf der Erde wird ein Mensch bezeugen können.

Das sind gute Aussichten für mein Totenfest. Wie wird es ablaufen? Es geht darum, mit den lieben Verstorbenen zu feiern, wenigstens einmal im Jahr, wenigstens Anfang November um Allerheiligen oder zum Volkstrauertag oder spätestens zum Totensonntag.

Ich werde das Foto meines Vaters nach unten in die Bar tragen und es auf einen Altar mit Kerzen und Naschwerk in Form von Totenköpfen stellen.

Ich werde mein Gesicht als Totenkopf schminken oder vielleicht auch nur eine entsprechende Maske aufsetzen. Ich werde alle meine Skelette und Totenschädel aus den Regalen holen und mit auf dem Altar und in der Bar drapieren. Dazu kommen orange Blumen, blinkende Lichter und brennende Kerzen.

Ich kann mit Totensonntag, mit Allerseelen und auch mit dem Volkstrauertag nichts anfangen. Meine Art zu trauern ist es, mit den Toten zu feiern. Im Totentanz.

Ab jetzt einmal im Jahr mit ihnen tanzen, essen, lachen, trinken, dann sind Schmidtze und Stein wieder dabei, und meine Omi, Günter vom Fußball, mein Vater, Onkel Georg und Johnny Cash und Elvis.

Das ist kulturelle Aneignung, kein Zweifel, und das ist auch gut so. Wir eignen uns den Tod an. Wir essen ihn auf. Wir verdauen ihn. Wir tanzen mit ihm. Wir erwachen am nächsten Tag als gut gelaunte Lebende.

Volksküche darf man übrigens nicht mehr sagen und nicht einmal Volxküche schreiben, denn es heißt jetzt Küfa: Küche für alle. Der Volkstrauertag heißt aber immer noch Volkstrauertag und nicht Trauer-für-alle-Tag. Noch immer gilt das Motto von 1926:

„Selber riefst du einst in Kugelgüssen:
Deutschland muß leben, und wenn wir sterben müssen!"

Eigentlich ist eine friedliche Welt ganz einfach. Es darf keine Länder mehr geben. Das ist doch die Bedeutung von: Deutschland muss sterben, damit wir leben können!

Das ist leichter gesagt und geschrieben als getan. Bei Deutschland würden ja noch alle mitmachen, aber auch die niedlichen Niederlande müssten sterben, und die schnucklige Schweiz. Da stellen sich schon viele quer.

Doch die Vorteile überwiegen. Denn wenn es keine Länder mehr gibt, dann braucht man dafür oder dagegen auch nicht mehr zu morden oder ermordet zu werden, ja nicht einmal zu sterben. Wenn man dann noch Hunger und Religionen abschafft, ist der Weltfrieden erreicht.

Peace!

MEINE RÜCKREISE

Cabo Polonio – Porto Alegre

Diesmal hatte ich mein Sonnenblumenöl in eine Trinkflasche aus Plast umgefüllt, und die konnte nicht zerbrechen. Ich bin nämlich so ein schlechter Reisender! Meine Rückreise aus Südamerika nach Berlin begann in Cabo Polonio in Uruguay. Was ich sicher verhindert hatte, war, dass mein Sonnenblumenöl noch mal in meiner Reisetasche auslief.

Denn das war meine Ankunft in Cabo Polonio gewesen, nachdem ich eine Ölspur durch ganz Uruguay gezogen hatte. Ich kam gegen 21 Uhr am Ozean an und irrte erst durch die Dünen, bis ich ins erstbeste Hostel ging.

Sehr beeindruckend in dem Empfangsraum waren die riesigen Öllachen überall, wo ich meine Tasche abgestellt hatte, bevor ich das Desaster bemerkte. Es schien mir wie eine Katastrophe biblischen Ausmaßes, da wusste ich aber noch nicht, wie meine Rückreise verlaufen würde.

Ich fuhr am Morgen von dem Dorf Cabo Polonio inmitten von Dünen und Atlantik mit einem Allradlastwagen die knapp zehn Kilometer durchs Naturschutzgebiet bis zum Busterminal, von dort mit dem ersten Bus bis Castillos und mit dem nächsten Bus bis Chuy.

Ich bin so ein schlechter Reisender! Denn ich hatte auch noch ein Glas mit löslichem Kaffee in der Tasche, und Glas kann zerbrechen. Jeder gute Reisende hätte außerdem gekuckt, wie man von Chuy an der Grenze von Uruguay nach Brasilien weiter nach Porto Alegre kommt. Ich Idiot jedenfalls latsche die vier Kilometer zum Grenzübergang mit Sack und Pack zu Fuß, um dort, nachdem ich den brasilianischen Einreisestempel im Pass habe, zu erfahren, dass die erste Bushaltestelle in Brasilien zwanzig Kilometer entfernt ist und ich also wieder zum Terminal Chuy zurückmuss.

Von dort fuhr der Bus erst um 22 Uhr in der Nacht los.

Aber dann saß ich darin und war auf dem Weg nach Porto Alegre und kam dort am Morgen um 7 Uhr an.

Porto Alegre – São Paulo

Ich ging zu Fuß ins Hostel, und am nächsten Tag ging es weiter, in einem Uber.

Ich bin ein so schlechter Reisender! Ich kann mir nicht einmal selber einen Uber bestellen, dafür muss ich immer jemanden fragen.

Auf dem Flughafen Porto Alegre erfuhr ich, dass mein Flug nach São Paulo fünf Stunden später ging, und dann aß ich meine Grostoli Fino auf, und das waren sehr leckere, fettige Süßigkeiten, und dann war mir schlecht.

Als ich mich einigermaßen erholt hatte, aß ich von meiner Jambalaya, und die war so lecker, dass ich mir noch Chipas kaufte, um damit das Öl aufzutunken, dann war mir noch viel schlechter als beim ersten Mal!

Ich bin so ein schlechter Reisender! Eigentlich ist es ein Wunder in São Paulo, dass ich tatsächlich den Weg von dem einen Flugsteig zum nächsten finde, wo ich pünktlich eintreffe, um in das Flugzeug nach Frankfurt am Main zu steigen.

Ja, da staunt ihr, was? Es gibt nämlich noch ein anderes Frankfurt in Deutschland, das nicht an der Oder, sondern am Main liegt.

Wobei Frankfurt an der Oder viel näher bei Berlin wäre, aber mir ist sowieso inzwischen alles egal.

Doch dann leuchtet es rot, ich werde nicht ins Flugzeug gelassen. Meine Bordkarte mit Sitzplatzreservierung durchgehend bis Berlin nützt mir nichts. Ich soll mich hinsetzen und warten.

Ich hätte für einen andern Tag gebucht, behaupten sie. Ich bin so ein schlechter Reisender! Aber dass ich den Tag verwechselt haben soll? Und alle anderen auch? Es ist ein Albtraum, und ich übe mich in Gelassenheit.

Wir sind schließlich über zehn Personen und irren, immer wieder von Mitarbeitern in die falsche Richtung geschickt, über den Flughafen von São Paulo. São Paulo hat elf Millionen Einwohner.

Wie finden die durch die Schuld der Fluggesellschaft Latam Gestrandeten die Schalter, wo sie erfahren, wie es nun weitergeht? Durch die Tür, auf der „Betreten verboten!“ steht, den Weg entlang, der wegen Lebensgefahr gesperrt ist, die Leiter hoch in den Lüftungsschacht, dann durch die Klappe, auf der „Vorsicht Giftschlangen!“ steht.

Die Notverpflegung ist grässlich, es gibt Waffeln! Ich verstehe nur Bahnhof. Fremde knipsen mit meinem Handy Barcodes, die ich beim Taxifahrer und beim Hotel vorweisen soll.

Ich bin so ein schlechter Reisender! Ich bin nur noch entnervt. Ankunft im Hotel gegen vier.

Frühstück. Dusche am Morgen und genieße dann, neben den Christinnen aus Mönchengladbach, das beste Frühstück, das ich bei meiner Reise bisher hatte. Es gibt in Südamerika eine unfassbar leckere Brotspezialität, so groß wie unsere Quarkbällchen, aber aus Maniokmehl und Käse gebacken. Es gibt bei diesem Frühstück nicht nur gegrillte Süßkartoffel, sondern gleich zwei Sorten Chipas, den Chipas bin ich verfallen.

São Paulo – Paris

Ich bin so ein schlechter Reisender! Aber es gibt den Traum Air France. Alles ist einfach perfekt.

Anstatt meine Jambalaya wegzukippen, gieße ich das Öl ab und wickle die Tupperdosen in ein Hotelhandtuch, dann kommt's in die Tüte, dann in den verölten Rucksack, gute Reise!

Vergesse auszuchecken.

Der Fluss aus Müll, an den ich mich von meinem letzten Aufenthalt in São Paulo erinnere, ist diesmal aus Wasser.

Ab 10.55 Uhr Stehen in der Schlange vor dem noch unbesetzten Air-France-Schalter. Komme auf die brillante Idee, mich am Self-Check-in einzuchecken, und bekomme meine Bordkarten bis Berlin. Zwar keine Fensterplätze, aber hey, Stunden in der Schlange gespart.

Am Flugsteig 328 kann ich nicht widerstehen, mir gegen die Berliner Kälte eine brasilianische Trainingsjacke für neunzig Euro zu kaufen.

Sonderbar, meine beiden Berliner Leidensgenossinnen nicht im Flugzeug nach Paris zu sehen, er ein aus Porto

Alegre stammender siebenundvierzigjähriger Bodybuilder, der bei einer Online-Bank arbeitet, sie bei einem Hotel im Marketing.

Ein trauriger Tag für Brasilien, denn ich verlasse das Riesenland.

Als Erstes gibt's Erfrischungstücher, dann Essen, und alles ist so köstlich, der Kartoffelsalat, die Pasta, der Käse, der Kuchen, sogar die Cola, vive la France!

„Café, té, digestive?", mit Letzterem ist Cognac gemeint. Es herrscht fantastische Stimmung, beim Rückwärtslaufen piept der Stewart wie ein Lastwagen.

Ich bin so ein schlechter Reisender! Denn ich kann nicht schlafen, dabei wäre Schlafen so wichtig. Eine Nacht fehlt mir schon. Es wird die zweite. Stattdessen glotze ich fünf Filme hintereinander.

Und dann gibt's zum Milchkaffee liebevoll mit kalten und heißen Frühstücksspezereien gefüllte Körbchen, es ist kulinarisch zwischen Latam und Air France ein Unterschied wie zwischen Regennacht und Sonnentag.

Paris – Berlin

Albtraum Paris. Zu spät! Durch den fehlenden Schlaf bewege ich mich etwas wie ein Zombie durch den Flughafen, finde meinen Flugsteig und im Untergeschoss eine Art Nebelkammer zum Rauchen.

Ich bin so ein schlechter Reisender!

Wo ist überhaupt mein Gepäck?

Die teuerste Zigarette meines Lebens, schätze ich, kaum habe ich sie angeraucht, sehe ich „Berlin Last Call", hetze hoch, aber zu spät, das Boarding ist zu Ende, und ich erfahre, dass ich Latam anrufen müsste, wo keiner was anderes als Portugiesisch spricht.

Ich übe mich vergeblich in Gelassenheit. Eine Zigarette! Eine Sekunde Unaufmerksamkeit! Achthundert Euro! Ich möchte gern etwas zerschlagen. Ich fühle mich verzweifelt und sehr allein. Ich fliege nicht nach Berlin, sondern bin diesmal in Paris gestrandet.

Achthundert Euro würde ein anderer Flug mit Air France nach Berlin kosten.

Zum Bahnhof, wo ich mir für über dreihundert Euro eine Fahrkarte nach Berlin kaufe, womit ich 21 Uhr am Hauptbahnhof ankommen soll.

8.34 Uhr haben sich meine nach viel zu vielen Zigaretten vor Wut über meine Dummheit flatternden Nerven einigermaßen beruhigt, und zwölf Stunden Bahnfahrt liegen vor mir.

Zugfahrt

Die Fahrt beginnt mit dreißig Minuten Verspätung, oder vielmehr beginnt sie eben nicht, weil der Zug gar nicht erst losfährt. Nicht nach vierzig Minuten und nicht nach fünfzig und nicht nach einer Stunde. Ich versuche halb zehn, im TGV zu schlafen.

Kurz vor zehn wache ich wieder auf, und der Zug hat sich noch keinen Zentimeter von der Stelle bewegt, und meine Heimkehr verläuft immer schleppender. Vor knapp zwei Stunden sollte der Zug nach Brüssel losfahren, aber er steht noch immer. Nach Auskunft der

Bahnbeamten wird er auch noch eine weitere Stunde stehen.

Aber dann geschieht ein Wunder, 11.05 Uhr setzt er sich in Bewegung, nur eine Stunde und fünfzig Minuten nach Abfahrtszeit. Damit stehen sogar die Chancen gut, den Anschluss in Brüssel noch zu bekommen. Ich bin neben der Spur, aber in Brüssel im ICE nach Köln auf meinem reservierten Platz. Der Regen geht in trostlosen Schauern nieder.

„Bitte achten Sie zu jeder Zeit verstärkt auf Ihr Gepäck, es befinden sich Taschendiebe an Bord."

15.43 beim Halt in Aachen zehn Minuten Verzögerung des überfüllten Zuges wegen technischer Probleme.

Meine Jambalaya ist fermentiert, also inzwischen eher eine Art Kimchi. Sie erfüllt nochmal ihren Zweck als allerdings etwas saures Abendbrot.

Danach bereite ich dem bösen Spuk ein Ende und werfe die Plastetüte, das nach saurem Essig stinkende Handtuch aus São Paulo und den Inhalt der zweiten Tupperdose ins Klo. Merke: Auf Reisen nie wieder Jambalaya mitnehmen oder überhaupt was Flüssiges!

Vorgestern um 13 Uhr bin ich aufgebrochen, das war 17 Uhr deutscher Zeit. Wenn ich heute Abend um 22 Uhr bei meinem Stern bin, war ich dreiundfünfzig Stunden unterwegs. Dabei bin ich so ein schlechter Reisender! Auch im vorletzten Zug des Tages kann ich meinen reservierten Platz besetzen, Köln gibt mir immer ein angenehmes Gefühl.

Wo ist überhaupt mein Gepäck? Ich bin ein so schlechter Reisender!

Dann kam ich an in der Schönfließer Straße, und alles wurde gut.

DER HEILIGE GEIST IN DEN SCHAFEN, MORGENVÖGELN UND IM ARSCH

PENG! Ein Schuss aus nächster Nähe von Horst trifft mich volle Kanne ins Gesicht, sodass die Oberlippe minutenlang taub bleibt. Ich bin im Arsch und glaube, mein Auge müsse geplatzt sein. Wäre es eine Kanonenkugel und kein Ball gewesen, wäre ich mit dem Heiligen Geist in den Himmel über Berlin aufgestiegen.

Pfingsten ist bekanntlich die Ausschüttung des Heiligen Geistes, und zwar nicht des Heiligen Himbeergeistes. Mein Höhepunkt ist das Fußballspielen zu Pfingsten, denn der Heilige Geist muss in mich geschüttet worden sein, weil ich das beste Spiel meines Lebens spiele, es ist gar nicht zu glauben, wie mir bei der zweiten und dritten Partie plötzlich alles gelingt: fünf traumhafte Tore!

Ich setze mich nur Plüschgewittern aus, keine Kanonenkugel, sondern ein Ball mit Berliner Luft darin, und wie privilegiert ich bin, wird mir noch klarer, als ich zu später Stunde eine Dokumentar-Orgie feiere. Knapp sieben Stunden über den Amerikanischen Bürgerkrieg von Ken Burns.

Es war ein Massaker an mehr als sechshunderttausend, und die letzten Worte des verstümmelten Südstaatengenerals waren: „Wir überqueren den Fluss und rasten im Schatten des Baumes."

Wenn ich mir was wünschen dürfte, wären meine letzten Worte: Wir überqueren den Jordan und rasten im Schatten des Baumes. Und dann die Schlagzeile in der BILD-Zeitung:

SAMMELTE 60 JAHRE LANG SCHREIBMASCHINEN – UND STARB.

Zum Friseur muss ich eigentlich dringend, und ich kann froh sein, dass Friseure keine plastischen Chirurgen sind:

„Bitte entfernen Sie diese Muttermale!"

„Sehr gern!"

„Verdammt, Sie haben mir ja beide Hände amputiert!"

„Ja, Ihre Hände waren etwas splissig."

Der Heilige Geist ist wie Gott oder die Liebe, er ist überall, er ist alles, er ist der Atem des Lebens, und so ist er auch in den Schafen auf der Max-Schmeling-Halle, wo für die Nachhaltigkeit sogar Bienenvölker angesiedelt wurden, und Morgenvögel.

Es sind fünfzehn Schafe, früher angeblich Guteschafe (schwed. Gutefår), nicht zu verwechseln mit den Gotlandschafen, aus der Döberitzer Heide. Seit 2019 werden die Schafe einmal im Jahr für einen längeren Zeitraum auf die Dächer der Halle gelassen. Sie bleiben so lange, bis alles weggefressen ist. Die Berliner Zeitung schreibt, es seien „Haarschafe, eine Rasse, die sich selbst zu scheren weiß".

Kann ich diese Schafe meinen Gästen aufbinden? Es muss sich um einen verspäteten Aprilscherz handeln, Haarschafe, die sich mit ihren Klauen selber scheren? Sie müssen nicht geschoren werden, das ist gemeint, und ich kucke sie mir an. Tatsächlich, ihre Wolle hängt und geht von alleine von den Schafen runter.

Jetzt muss mir nur noch ein Wortspiel mit haarscharf oder haarscharf daneben einfallen, und die nächste Geschichte ist fertig.

Das mit den Schafen, Bienen und Morgenvogelhäuschen stimmt, aber ich lüge auf meinen Touren auch viel. Wenn ich an der Museumsinsel gefragt werde, wofür diese Rohre über die Straßen sind, dann sage ich:

„Füchse! Das sind die Berliner Fuchsrohre. Jede Straße in Berlin hat inzwischen ihren Fuchs, und damit die Füchse heil durch die Stadt und besonders über die viel befahrenen Straßen kommen, gibt es überallhin diese Fuchsleitungen, die meisten unterirdisch, aber an der Spree, wo es sehr sumpfig ist, lieber oberirdisch." Auf den Leitungen am Schinkelplatz steht deutlich „Füchse Berlin", wer könnte die Wahrheit meiner Ausführungen infrage stellen?

Ganz in der Nähe zeige ich auch gern das Haus, in dem 1642 Microsoft gegründet wurde. Nur wenige erkennen, dass dieses Gebäude eigentlich deutlich jünger ist.

Manchmal habe ich Gäste dabei, die sich auskennen, und dann frage ich nach:

„Stimmt es, dass Freiherr von Richthofen zweihundert englische Flieger vom Himmel geschossen hat?"

„Achtzig!"

„Aber dann wurde er selber von einem englischen Flieger abgeschossen?"

„Von einem australischen Infanteristen."

„Genau das meinte ich!"

Jeden 23. des Monats gehe ich, wenn möglich, zu DEO. „Des Esels Ohr" bedeutet diese Abkürzung, und das ist für Freunde der Reformbühne verwirrend, denn es ist eine

Frauenlesebühne, und es gibt auch noch ein anarchistisches Jodelduo, das den Namen „Esels Alptraum“ hat.

Bei beiden Ensembles besteht für mich der Reiz – neben der höchsten Qualität der vorgetragenen Unterhaltungskunst – darin, dass die Protagonistinnen schöne Frauen sind. Wären sie schöne Männer oder schöne Transen, es wäre nicht schlimm.

Aber DEO ist die von schönen Frauen betriebene beste Lesebühne der Welt, aber mit Einschränkungen. Denn ich kenne ja nicht alle Lesebühnen der Welt, und so kann es durchaus eine geben, die noch viel besser ist. Von DEO ist Franziska Hauser die schönste Frau, gefolgt von Susanne Schirdewahn, Vanessa Karé, Kirsten Fuchs und Heiko Werning. Heiko Wernings Erscheinen hier ist auffällig und eine Premiere, und wäre er bei einer Herrenlesebühne zu Gast, dann hätte bestimmt er die Attraktivitätsliste angeführt.

Ich bin nicht der Meinung, dass Frauen an sich attraktiver sind als Herren. Und alle Attraktivität nützte rein gar nichts, wenn sie nicht mit grandiosen Texten einherginge, und so ist es aber hier, und so ist es eine Lust.

Es geht bei DEO ums Umziehen aufs Land, um Kleingärten, Spätis, um weibliche Orgasmen und die Vorzüge tantrischer Techniken dafür. Die Zustände in Berlin angesichts der explodierenden Mieten sind schlimm, so ziehen inzwischen Eltern aus ihren Wohnungen und aufs Land, damit ihre erwachsenen Kinder ihre eigenen vier Wände haben können.

Aber eigentlich hört sowieso keiner zu, denn nach DEO wird eine halbe Stunde getanzt, und alle freuen sich nur aufs Tanzen.

Ich tanze Swing-Pogo mit freiem Oberkörper, und zwar zum ersten Mal in meinem Leben. Es ist sehr angenehm, weil der Schweiß so großflächig kühlen kann, wie es sich Mutter Natur für uns Tanz- und Rennaffen gedacht hat, anstatt einfach nur mein T-Shirt vollzusuppen. Vielleicht werde ich das ab jetzt immer so machen.

Das Echo ist positiv, niemand zieht meine schwache Oberkörpermuskulatur ins Lächerliche oder macht sich über mein durch die Einpflanzung eines Rohrs entstelltes Schlüsselbein lustig.

Es waren und sind immer die besten Lesebühnen, in oder nach denen getanzt wird. Das waren früher die Surfpoeten und die Reformbühne im Burger mit der Disco danach, jetzt ist es nur noch DEO, und wenn der Sinn des Menschen auf der Erde nicht das Tanzen ist, dann hat der Mensch überhaupt keinen Sinn.

Tanzen und Spielen, nicht Töten und Morden, machen uns aus.

Spielen, vorm Fußball vergleichen Martin und ich unsere Bräunungsgrade, Garten- gegen Fahrrad- und Fußballbräune, bei Simon nur Altersflecken, Mumientango! Ronny hat sich die Wirbelsäule gebrochen, und deshalb wachsen die Haare am Kopf jetzt an der falschen Seite raus.

Man kann sich Berlin als Arsch vorstellen, dann ist die Spree in ihrem Spreetal die Arschritze, die rechte Arschbacke ist der Teltow, und die linke ist der Barnim.

Die Baiz ist auf dem Barnim so was wie ein Pickel auf der linken Backe, die Lottumstraße ist schon in der Ritze, und meine Freundin Anja wohnt in Tempelhof, das ist auf dem Teltow und damit auf der rechten Arschbacke.

Das heißt, ich muss noch etwas die linke Arschbacke in die Ritze nach unten fahren, übers Arschloch Museumsinsel und die rechte Arschbacke wieder hoch, die durchs Tempelhofer Feld ziemlich nackt ist. Jedenfalls für eine Großstadt.

Berlin hat, wenn wir bei dieser Metapher bleiben, einen sehr flachen Arsch. Mit dem Auto merkt man nicht einmal, wenn man von der Ritze auf eine der Arschbacken rauffährt, aber mit dem Fahrrad.

Als Berlin gegründet wurde, da war es nur das Arschloch. Inzwischen bleibe ich in Groß-Berlin, wenn ich von einer Arschbacke zur anderen radle. Ich radle endlich mal wieder zum Spieleabend zu Anja.

Wir spielen zu viert Blätterdach, eine ziemlich pfiffige Variante von Mikado als Kartenspiel, dann ein in Entwicklung begriffenes Telefonspiel und zwei Evergreens: Karambolage und Riff Raff.

Kurz vor Mitternacht bin ich zurück an der Barnimkante, wo die Ritze des Berliner Arsches endet und sich die Backe erhebt.

Heute fahre ich die Backe hoch zur Baiz.

THORS RACHE

Seit ich ihn geerbt hatte, fühlte ich mich schlecht. Ich nannte ihn meistens den „hässlichen Hund“, und nie habe ich erlebt, dass da jemand widersprochen hätte, so wie „Aber der ist doch ganz niedlich!“ oder „Der hat doch ganz süße Augen!“.

Die Rasse hatte ich nie herausfinden können, Bulldogge, Mops, Pekinese und sehr viel mexikanischer Nackthund waren enthalten, und von allen hatte der traurige Mischling die hässlichsten Äußerlichkeiten geerbt. Thor war ein absurder Name, denn er war hauptsächlich sehr klein, und Thor klang doch eher nach einem großen Hund. Er war schon lange blind, und das sah man seinen Augen auch an. Sie waren mit einer weißlichen, glasigen Schicht überzogen. Dazu war er extrem fett. Zwischen seinen weit nach oben ragenden Zahnstümpfen lief ununterbrochen Sabber heraus, der in letzter Zeit eine grünliche Note bekommen hatte. Zu seinem Geruch sage ich lieber gar nichts.

Hatte Thor einen guten Charakter? Ich hatte, trotz seiner Bissigkeit und seines grundsätzlichen Misstrauens, die durch absolut nichts begründete Überzeugung, dass unter seiner faltigen Haut und den Fettwülsten ein gutes, verfettetes Herz klopfte.

Ich hatte Hunde und ihr unterwürfiges Verhalten immer verachtet, aber mein bester Freund war gestorben, und ich hatte ihm auf dem Totenbett versprochen, mich um Thor zu kümmern. Thor war damals schon unfassbar alt gewesen, einundzwanzig Jahre, was einem Menschen von hundertfünfzig Jahren entsprach, wenn man für ein Menschenjahr sieben Hundejahre ansetzte. Aber Thor lebte weiter, wurde dabei erstaunlicherweise immer hässlicher, und Tag für Tag ging ich mit ihm Gassi, und heute ins KaDeWe.

Vielleicht war mein Freund schon im Delirium gewesen, als er mir aufgetragen hatte, dem hässlichen Hund jeden Heiligabend Bio-Schweinefilet aus der Feinkostabteilung des KaDeWe vorzusetzen. Leider hatte ich es versprochen, dafür war mein Freund entspannt entschlafen. Thor und ich waren zurückgeblieben.

Ich wünschte, Thor würde endlich sterben und mir mein Leben zurückgeben. Aber wann würde das sein? Ich hatte vor zwei Jahren die Hoffnung verloren, dass ich es überhaupt noch erleben würde. Der Tierarzt hatte in Bezug auf Thors nachlassendes Fettherz gesagt:

„Solange er noch laufen kann, soll er laufen!“

In den letzten Monaten hatte Thor beim Laufen, eigentlich eher beim Trippeln, angefangen, wie ein Meerschweinchen zu quieken und hysterisch zu hecheln, um nach jeweils zehn Metern eine Verschnaufpause von fast zehn Minuten einzulegen. Heute blieb er sogar fünfzehn Minuten stehen, und dann hatte ich genug. Trotz seines Übergewichts war Thor ein sehr kleiner Hund, ich nahm ihn auf den Arm und trug ihn zum KaDeWe, und als ich auf der Rolltreppe nach oben fuhr, merkte ich, dass Thor starb. Er zitterte ein wenig, es war der 24. Dezember und die Weihnachtslieder klangen durch die Räume und die Lichter glühten, und Thor tropfte etwas und war tot.

Ich ging zu dem Prada-Schuhladen in der dritten Etage und sagte zu der Verkäuferin:

„Mein Hund ist gerade gestorben.“ Sie antwortete: „Herzliches Beileid!“, und erschauderte, als sie Thor auf meinem Arm ansah. Er war leider durch sein Ableben noch etwas unansehnlicher geworden.

„Ich war gerade auf der Rolltreppe“, sagte ich, als wäre es nicht völlig egal, „jetzt hätte ich gern einen Karton, damit ich ihn nicht so nach Hause tragen muss.“ Sie verstand und gab mir einen schönen Karton und eine noch schönere Tüte, eigentlich eher eine Tasche von Prada.

Ich legte Thor in den Karton, den Karton in die Tüte, bedankte mich und verließ das KaDeWe. Meine Trauer hielt sich in Grenzen. Ich wusste nicht, welche Beziehung mein nun schon vor so vielen Jahren verstorbener Freund zu Thor gehabt hatte. Ich hatte mir nichts vorzuwerfen, ich hatte seinen Hund oft gestreichelt, auch wenn ich mir danach wegen des Grindes immer die Hände hatte waschen müssen. Ich hatte ihm immer zu fressen gegeben, war Gassi gegangen und hatte über so viele Jahre ertragen, dass er einfach nicht starb. Ich hatte befürchtet, der Tod habe Thor schlicht vergessen. Dabei schien er glücklich gewesen zu sein, weil er manchmal so grunzte, bevor er nach mir schnappte und sich erbrach.

Jetzt war er gestorben und lag in einem Prada-Schuhkarton, und mir wurde klar, dass mein Martyrium noch nicht zu Ende war, und ich verfluchte mich. Selbst jetzt noch würde ich im Sinne meines Freundes handeln und ihn auf einem Tierfriedhof beerdigen lassen müssen. Wieso konnte ich ihn nicht einfach in eine Mülltonne werfen? Ich wusste die Antwort: Weil ich ein Kulturmensch war, und ich schiss ja auch nicht einfach auf die Straße. Von Körper, Kopf, Charakter und Instinkten waren wir immer noch gefährliche Tiere, die jederzeit töten könnten, aber in der Wirklichkeit in Berlin im 21. Jahrhundert brachten wir es nicht einmal fertig, einen hässlichen Hund wegzuwerfen.

Es war Heiligabend, und während ich mit dem Prada-Beutel die Treppe zur U-Bahn hinunterfuhr, war mein einziger und sehnlichster Wunsch, dass ich frei wäre und mich nicht mehr um Thor kümmern müsste. Ich hatte Thor doch schon so viele meiner Jahre geopfert, konnte da nicht jetzt Schluss sein?

Ich kannte meinen Freund: Tierfriedhof, nichts sonst kam infrage. Wahrscheinlich hatten über Weihnachten alle Tierbestatter geschlossen, ich würde Thor ins Tiefkühlfach packen müssen, damit er nicht anfing, noch schlimmer zu müffeln. Und dann würde ich die ersten Tage im neuen Jahr damit zubringen müssen, für Thors angemessene letzte Ehrungen zu sorgen.

Ich ging hinunter zur U-Bahn, ein junger Mann mit Kapuzen-Shirt kam mir entgegen, riss mir den Prada-Beutel aus der Hand und rannte davon. Ich stand verdutzt, er hetzte die Treppe hoch, ich rannte ihm hinterher und schrie: „Stehenbleiben!“, und wollte noch rufen „Haltet den Dieb!“ – doch stattdessen blieb ich stehen.

Ich merkte, dass ich zwar noch verwirrt, aber auch sehr glücklich war. Ich wusste noch nicht genau, warum, aber ich war mit diesem Weihnachtsfest und seinen unverhofften Geschenken sehr zufrieden.

DANK

Ich danke den vielen Zeitungen, Zeitschriften und Lesebühnen, in denen die Geschichten zuerst publiziert wurden, insbesondere scheinschlag, tageszeitung, Berliner Zeitung, Tagesspiegel, Sklavenmarkt, Frankfurter Allgemeine Zeitung, Frankfurter Rundschau, Salbader und Das Magazin.

Meine wichtigste Lesebühne ist seit 1995 jeden gottverdammten Sonntag die *Reformbühne Heim & Welt* mit den Freunden Susanne M. Riedel, Ahne, Gott, Frank Sorge, Heiko Werning und Spider. Dank auch an die *Chaussee der Enthusiasten*, die *Brauseboys, LSD Liebe Statt Drogen*, die *Schwabinger Schaumschläger*, *Geschmacksverstärker* und die *Surfpoeten*!

Falko Hennig

Touristenführer, Schriftsteller, Vortragsreisender,
Spieler, Lesungkonzerte